リカルド・ボフィル 作品と思想
Ricardo Bofill The Works and The Ideas

RBTAの仕事を通して知る建築的時空間創造
Knowing The Methods to Create Architectural Space-Time Through The Works of RBTA

谷口江里也
Taniguchi Elia

未知谷
Publisher Michitani

Ricardo Bofill The Works and The Ideas
Knowing The Methods to Create Architectural Space-Time
Through The Works of RBTA
by Elia Taniguchi

リカルド・ボフィル 作品と思想
RBTA の仕事を通して知る建築的時空間創造

目次

第1章 建築的時空間を創造するということ 7
 本書の表現方法 8
 人の営みと建築 9
 人と社会と建築 10
 建築空間の建設 11
 人のより豊かな営みを育む場としての建築、都市 12
 建築的時空間の新たなありよう 13

第2章 建築的時空間創造プロジェクトにおける重要事項の把握 15
 プロジェクトの主体と目的の把握 16
 対象時空間を成立させる場所 17
 建築の価値と時空間経営 18
 対象時空間の役割 19
 対象時空間の人間的、社会的可能性 20
 建築的時空間の特殊性 21

第3章 建築的時空間創造プロジェクトにおけるプロセス 23
 全体のプロセス 24
 創造的解析 25
 ヴィジョン創造 26
 コンセプト創造 27
 マスタープランと建築空間の創造 28
 創造的施工監理と時空間運営 29

第4章 RBTAの作品を通して知る
  人と社会と建築の関係の新たなありようの創造 31

1：LA FÁBRICA に見る目指す方向性と方法の表明　32
　　LA FÁBRICA を創るにいたる背景　34
　　LA FÁBRICA におけるヴィジョンとコンセプト　36
　　LA FÁBRICA 以前のRBTAの初期の建築　38

2：WALDEN 7 に見る集合住宅の新たなありよう　40
　　WALDEN 7 における重要事項の把握と創造的解析　42
　　WALDEN 7 におけるヴィジョンとコンセプト　44
　　WALDEN 7 以前の集合住宅におけるさまざまな試み　46

3：LES ESPACES D'ABRAXAS における公共集合住宅建築の新たなありよう　48
　　ABRAXAS における重要事項の把握と創造的解析　50
　　ABRAXAS におけるヴィジョンとコンセプト　52
　　ABRAXAS におけるコンセプトとマスタープラン　54
　　RBTA がフランスで実現した主な公共集合住宅建築　56

4：HOUARI BOUMEDIENNE AGRICULTURAL VILLAGE に見る
　　地域文化や現実の尊重と新たな営みの創造　58
　　AGRICULTURAL VILLAGE における重要事項の把握と創造的解析　60
　　AGRICULTURAL VILLAGE におけるヴィジョンとコンセプト－1　62
　　AGRICULTURAL VILLAGE におけるヴィジョンとコンセプト－2　64
　　UNIVERSITÉ MOHAMMED VI POLYTECHNIQUE における
　　ヴィジョンとマスタープラン　66

5：ANTIGONE に見る未来に向けた新市街の創造　68
　　ANTIGONE における重要事項の把握と創造的解析　70
　　ANTIGONE におけるヴィジョン　72
　　ANTIGONE におけるコンセプト　74
　　ANTIGONE におけるマスタープラン　76
　　そのほかの主な都市的スケールの建築的時空間創造プロジェクト　78

6：RBTAのさまざまなプロジェクトをとおして知る
　　都市や企業の営みの象徴の創造　80
　　企業の象徴の創造―1　82
　　企業の象徴の創造―2　84

都市の象徴の創造　86

　　　プラハにおける記憶の継承と新たな営みの象徴の創造　88

7：さまざまな建築的時空間の創造　90

　　　劇場の創造　92

　　　オリンピック関連建築の創造　94

　　　公園と文化施設の創造　96

　　　都市文化の新たな象徴の創造　98

　　　摩天楼のモデル創造　100

8：バルセロナ国際空港T-1、T-2に見る

　　　都市を象徴する玄関としての空港の創造　102

　　　T-1、T-2における重要事項の把握と創造的解析　104

　　　T-2におけるヴィジョンとコンセプト　106

　　　T-2におけるマスタープラン　108

　　　T-1におけるヴィジョンとコンセプト　110

　　　T-1におけるマスタープラン　112

9：BNP BANQUE PARIBAS に見る

　　　街の再生とモニュメンタル生活空間の創造　114

　　　BNP BANQUE PARIBAS における重要事項の把握と創造的解析　116

　　　BNP BANQUE PARIBAS におけるヴィジョンとコンセプト　118

　　　BNP BANQUE PARIBAS におけるマスタープラン　120

10：東京銀座資生堂ビルに見る企業と街の未来のためのモデル創造　122

　　　東京銀座資生堂ビルにおける重要事項の把握と創造的解析　124

　　　東京銀座資生堂ビルにおけるヴィジョン　126

　　　東京銀座資生堂ビルにおけるコンセプトとマスタープラン-1　128

　　　東京銀座資生堂ビルにおけるコンセプトとマスタープラン-2　130

　　　東京銀座資生堂ビルにおける創造的施工監理　132

　　　東京銀座資生堂ビルにおける時空間運営　134

11：LAZONA KAWASAKI PLAZA に見る

　　　メガポリス再生のためのシンボリック空間の創造　136

　　　LAZONA KAWASAKI PLAZA における重要事項の把握　138

LAZONA KAWASAKI PLAZA における創造的解析　140
　　LAZONA KAWASAKI PLAZA におけるヴィジョン　142
　　LAZONA KAWASAKI PLAZA におけるコンセプトとマスタープラン　144

　12：W HOTEL BARCELONA に見る都市が向かうべき方向性を
　　　体現するシンボリックな都市的風景の創造　146
　　W HOTEL BARCELONAにおける重要事項の把握と創造的解析　148
　　W HOTEL BARCELONAにおけるヴィジョンとコンセプト　150
　　W HOTEL BARCELONAにおけるマスタープラン　152

第5章　これからの建築的時空間の創造　155
　　あらゆる技術と知恵を統合する　156
　　建築的時空間創造のプロセスに必要な能力　157
　　クリエイティヴチームによる建築的時空間創造　158
　　クリエイティヴチームのディレクション　159
　　優れた建築的時空間の価値　160
　　これからの建築的時空間創造　161

第6章　リカルド・ボフィルへのインタビュー　163
　　リカルド・ボフィルが語る
　　　リカルド・ボフィルと建築的時空間創造プロジェクト　164

RBTA 作品リスト　191
CONTENTS　198

第 1 章

建築的時空間を創造するということ
About the Creation of Architectural Space-Time

建築は太古の昔から人々の暮らしに寄り添い護り
あらゆる営みの舞台であり続けてきました。
人が育んできた知恵や技や文化の結晶でもある建築は
自分たちの記憶や誇りや美意識の証として
自分たちの存在を表し続けてきました。
そして建築は常に、明日に向かって創られてきました。
人々は建築にさまざまな想いや夢を託そうとします。
家族のための小さな家であれ大建築であれ
その集合体としての都市であれそれは同じです。
建築をつくることは人にとって本来
未来を創る喜びを分かち合う仕事に携わることにほかなりません。
ひとたび地上に姿を現せば建築は数十年、百年
あるいはそれ以上の時間、私たちのそばにあり続けます。
建築を創った人々がこの世にいなくなってしまったあとも
その空間と触れ合う多くの人々の時や夢や喜怒哀楽と共にあり続け
人々の日々の営みを見守り続けます。
だからこそ人は建築に強く遥かな願いを込めてきました。
つまり建築は確かでなければなりません。
私たちの心身を優しく包み、そしてなにかの拍子に
何気なく語りかけてくれる豊かさを持たなくてはなりません。
心身を心地よく解き放ち、生きて行く力や勇気や理由をもたらし
人の心身の拠り所とならねばなりません。
そしてなにより建築は美しくあらねばなりません。
建築が多くの人の手によって
多くの時間と富と労苦と願いをかけてつくられる理由が
美を求め明日を夢見て生きる存在である人間が
建築から得る喜びがそこにあります。
だから建築的時空間は
そのようなものとして創られなければなりません。

本書の表現方法
About This Book (Expression Method)

　本書は、建築や街路や都市などの建築的時空間を創る仕事をする際に最も重要なことは何かを巡って書かれています。その仕事はいくつかのプロセスを踏んでなされる必要がありますが、その役割や、そこでの働きのありように加えて、そもそも建築的時空間は人と社会にとって何であり、それを創るとはどういうことなのかについて書かれています。

　それらのことを分かりやすく述べるために本書は、35カ国を超える世界中のさまざまな場所で、そのつどプロジェクトに相応しい方法やアプローチでシンボリックな建築的時空間を創造してきたスペインのリカルド・ボフィルと RBTA（Ricardo Bofill Taller de Arquitectura）の具体的な仕事をとおして述べる表現方法をとっています。

　このような方法を採用したことには三つの理由があります。一つは、いつどこで何を誰のために何のために創るかということと密接に関り合っている建築や街路や都市などの建築的時空間の創造は常に、具体的な場所や関係や文化や歴史や予算や目的などの具体性と共にあり、そこから何を読み取り何を目指し何を実現したかが重要だからです。

　一つは RBTA が、建築的時空間を創るにあたって、人と社会にとって建築や街路や都市はどのようなものであるべきかという本質性や普遍性の追求に立脚し、すべて異なる条件や背景を持つ空間創造という仕事の特性を最大限に活かすべく、プロジェクトごとにアプローチや方法を変えて建築的時空間を創造してきたからです。

　さらに RBTA は、半世紀を超える活動のなかで一貫して、ともすれば過去や場所の文化的特性を無視して均一な建築を創る近代のインターナショナルスタイルに異議を唱え、機能や使用目的を過度に重視する近代的な価値観や手法を超えたところにある建築的時空間の創造を指向し、人と社会と建築の関係のあるべきありようを見つめ続けてきたからです。

人の営みと建築
Human life and Architecture

　人と社会に関するほとんどすべてのことが建築的時空間と共に起きます。生活も文化もそのなかで育まれます。つまり建築的時空間を創ることは、単に物質的な建築を創ることではなく、その空間と共にある人の営みや、そこで共に過ごす時間、そしてその営みと周囲や社会との関係のありようを新たに創りだすことにほかなりません。

　人の営みは多様性に富んでいます。それを個別の狭い目的と対応させて語ることはできません。たとえば工場やオフィスのなかで特定の仕事に従事していたとしても、人はその仕事ばかりをしているわけではありません。笑ったり話したり何かを夢想したり食べたりしますし、仕事もまた多くの要素から成り立っています。

　家に居るときも同じです。子どもと遊んだり音楽を聴いたりテレビを見たり本を読んだり、明日の仕事の準備をしたりお風呂に入ったり電話をしたり料理をしたりぼんやりしたり眠ったり、実にさまざまなことを人は行ないます。そうした多様な営みと、それを育んだ時空間の記憶が、その人の個有性を織り成します。

　つまり建築や街路や都市などの建築的時空間は、そうした人間の営みの多様性を自然に包み込み、その時空間と触れ合う人々の内にある活力を自然に鼓舞するものでなくてはなりません。建築や街を創るとき、過度に目的や機能を特化し限定すれば、その時空間は居辛いものになり、人間性や創造性や社会性や喜びが育まれ難くなってしまいます。

　逆に、人の心身を圧迫せず、自由感や快適な自在性を持つ、あるいは美を感じさせて心身を活性化する働きを持つ建築的時空間と触れ合うことによって、人は自ずと人間らしい振る舞いがしやすくなります。つまり人間的で文化的な建築的時空間のなかでは、人が本来持つ多様性や人間性や創造力や生命力がより健やかにポジティブに発揮されやすくなります。

人と社会と建築

Humans, Society and Architecture

　特定の誰かのためだけの建築や街路や都市空間というようなものはありません。誰かが自分のためだけのものとしてつくった家であったとしてもその家はそれ以外の人のための空間でもあります。家族がいればもちろんたとえば知人が訪ねてきている間は知人のための時空間でもありますし、そこにはほかの人も住み得ます。

　また建築が建設される場所が、たとえ誰かの私有地であったとしても、そこで建てられる建築は周囲と無関係ではあり得ません。でき上がった建築は周りから見えますし、その存在が景観の一部を構成します。その建築の利用者も周囲や社会となんらかの関係を持っていますし、窓から外を見たり、そこからどこかへと出かけたりします。

　街は家々や道や木々や庭などさまざまな要素によって構成される共有空間です。街を構成している個々の建築や街路や公園や空き地などのすべてが、そこで育まれる人々の営みと深く関わり合っています。小さな集落であれ大都市の一部であれそれは同じです。そして人間が社会的な存在である限りにおいて、建築も街路も都市も社会的な空間です。

　社会的な空間である建築や街路や都市は、それを成り立たせているさまざまな社会的要素、すなわち人々の営みや文化や経済や技術や価値観や社会的規範（ルール）などと無縁ではあり得ません。つまりそれらの建築的時空間の現在的ありようは、それらを成り立たせてきた、あるいは成り立たせている社会的現実が反映された一つの現在的な姿だということです。

　逆にいえば、たとえばある街の一角に一つの建築が創られたとして、その建築が創られたことによって、その街区が以前と比べてより良くなったと人々が感じたとすれば、その建築的時空間は、街区の景観や居住性に寄与する働きをしたことになり、人や社会の可能性や快適さや美意識や豊かさをふくらませる何かを宿しているということになります。

建築空間の建設

Construction of Architectural Spaces

　多額の費用や知恵や労力や時間などをついやし、多くの材料を組み合わせて建設され、ひとたび建設されれば、重力に逆らい、太陽の光や雨や風や地震に耐えて立ち、特に問題がなければ長い間にわたって特定の場所を占有し、そこで人の営みを育み続ける建築空間の建設には、物理的な条件に加えて、多くの満たすべき必要条件が伴います。

　まず、誰によって何のためにその建築が、どのような予算や時間をかけて建設されるのかといったことに加えて、そこでの営みのありようや、そのために必要な要素や機能や広さや法規などといった基本的な条件はもとより、その建築が周囲に及ぼす影響や、建設後に起こり得ることなども考慮される必要があります。

　しかも多くの作業が組み合わされ、それらが同時に進行する建築の建設は、いったん開始されれば、立ち止まったり後戻りすることが極めて困難です。そのようなことになれば、工程などが大幅な変更を余儀なくされ、多大な金銭的、時間的、労力的ロスが発生し、プロジェクトそのものの信頼性も損なわれますから、精緻なプログラムが必要です。

　また設備や部材などには耐用年数があり、歳月を積み重ねるにしたがって技術的な進歩や、要求される機能やレベルの変化などがありますし、メンテナンスも必要です。また長い時間のなかでは災害もあれば用途の変更なども起き得ますから、そのようなことに対応し得る、柔軟でロジカルで包容力に富んだ空間構成が必要です。

　建築や街路や都市の時空間は、あらゆることを総合的に考慮したうえでつくられなければなりません。つまり建築的な時空間の創造には、考え得るあらゆる問いに対しての答えが建設の前にあらかじめ検証され用意されている必要があります。そしてその答えは、本質的で社会的で人間的で空間的であればあるほど包容力を持ちます。

人のより豊かな営みを育む場としての建築、都市
Enriched Human Life from Architecture and Cities

　建築や街区の創造は、現在から未来に向けて為されるものであるため、必要条件を満たすだけではなく、求められている以上の豊かさや美しさを宿す必要があります。そうしてはじめて、新たにつくられるものとしての、そして長期にわたってそこにあり続けるべきものとしての価値や存在理由や社会的意味や発展性を獲得し得ます。

　建築的時空間は人と人の社会にとって最も重要な、地球が創った自然のなかに創られた人と社会の営みを育む大切な第二の自然ともいうべき居場所です。したがって過去の確かさや豊かさや知恵を受け継ぎ、現在的な必要性を満たしつつ、将来的にあり得て良い豊かさや確かさや営みや可能性を実感させることが重要です。それが建築の本来の役割です。

　人には美や知を求める特性があります。美しい物や建築や街や物語を求めるとともに、いろいろなことをより深く広く知りたいという知的好奇心や探求心や、そこで得た美や知や想いを他者と分かち合うことで共に暮らす場所である社会をできればより良くしたいという向上心があり、それらはすべて建築を創る行為と密接に関わり合っています。

　自然林や野原や街の空地に新たに、あるいは何かを壊して建てられる建築は、どんなに多くの願望や考えや可能性があったとしても、最終的にはたった一つの形を持つ空間として創られます。つまり建築的時空間の創造では、これが最善だという明確な理由や確信が必要であると同時に、無数の想いの結晶体としての美しさを結果的にまとわなければなりません。

　10年が過ぎ、50年100年、あるいはそれ以上の歳月を超えてなお、この建築があって良かったと人々が感じてくれることが、それが切り拓いた何かや存在し続けてきた理由が実感できる生命力を備えることが建築を創る者の願いであり使命です。そうして人々や街や社会と共に生き続けることこそが建築や街や都市にとっての喜びです。

建築的時空間の新たなありよう
A New Vision of Architectural Space-Time

　すべての建築は異なる場所に建っています。またすべての建築は異なる関係の中で明日に向かって創られます。そしていったん建てられれば、あり得たかもしれない無数の可能性を無視してそこに存在し続けます。あるいはその存在が、次に起きる新たな何かの、一つの基準であり続けます。したがって建築的時空間の創造には常に大きな責任が伴います。

　もちろん、人々の日々の暮らしと共にある建築は、何よりもまず安全でなければなりません。そのうえで、それが建てられ存在し続けることが人々の暮らしや街に何をもたらすかが予め考慮されなければなりません。一つの建築の佇まいや、そこでの営みのありようは、ひいては建築や街路の集合体である都市や人々の営みのありようを織り成すからです。

　そこに建築的時空間を創る意義と危険性があり、同時に、多くの人が力を合わせ目的を共有して建築を創りだす喜びや苦悩があります。そのとき重要なのは、異なる条件の中でそれぞれ固有の場所に創られる建築は、だからこそ、その建築にしかない美しさ豊かさをまとい得るということです。固有の条件を活かして美を目指すことが、建築を創る者の役割です。

　地球の上には無数の花や無数の命の形があります。よく見ればみんな異なるそれらは、それぞれがそれぞれの場所で自らの命を懸命に輝かせようとします。そしてそれらが寄り集まり全体として自然な調和を保ちながら、それぞれ条件の異なる地球上の無数の場所で、そこにしかない景色を創りだします。建築も集落も街も同じです。

　自然は、重力や水や風など一個の星である地球が共通して持つ条件と、場所や風土の固有性とが重なりあって、そこにしかない無数の命の営みのありようと固有の景色を織り成します。そこには、ともすれば合理の結果としての均一性の幻想に陥った近代を超えた、より豊かな、多様な美しさを育む建築や社会や街のありようへのヒントが潜んでいます。

第 2 章

建築的時空間創造プロジェクトにおける
重要事項の把握

Getting a Grasp of Important Matters for the Creation of Architectural Space-Time

建築的時空間創造プロジェクトでは
具体的な構想や空間設計に入る前に
プロジェクトを取り巻くさまざまな条件や要素について
総合的に把握する必要があります。
そのことがプロジェクトを有意義なものにし
対象時空間に求められた役割を十全にはたす力や
いつまでも人々に愛され続けられる
生命力を付与する基礎となるからです。
本章ではそのために把握すべき
重要事項について述べます。

プロジェクトの主体と目的の把握
Understanding the Subject and Its Aims

　建築的時空間創造プロジェクトという仕事を時空間創造者として行なうためには、プロジェクトのはじまりにおいて把握すべき5つの重要事項があります。すなわちプロジェクトの『主体と目的』『対象時空間を成立させる場所』『建築の価値と時空間経営』『対象時空間の役割(ポジショニング)』『対象時空間の人間的、社会的可能性』の把握です。

　『主体と目的の把握』とはプロジェクトが対象とする建築的時空間を、誰が何を目的として新たに創ろうとするのかを把握することです。プロジェクト主体は個人であったり企業であったり自治体であったりしますし目的もさまざまですが、建築的時空間創造者の仕事は主体のパートナーとして目的を実現することにありますから、それは当然のことです。

　そこで重要なことは、主体とは必ずしもプロジェクトの具体的な依頼者や企業の社長や担当者や市長などのことではないということです。すでに述べたように建築は人の営みを育む社会的な存在であり、短期的な算段を超えて社会のなかに存在し続けますし、個人も企業も自治体も、どこかに本質的で普遍性のある個性や社会的ミッションを有しています。

　主体を把握するとは主体の個性や目的の中に潜む本質性や普遍性や社会性を汲み取ることであり、それがより活かされる可能性を探求することです。また創られた空間は短期的な必要性や要求や個人的な意図を超えて存在し続けます。つまり主体とは社会のなかで生き続け広がりをもたらし続け得る生命力のある生存理由(アイデンティティ)の担い手にほかなりません。

　目的もまた具体的な利用目的や必要面積や機能などの、満たすべき必要条件としての、いわゆる設計与件ばかりではなく、たとえばオフィスや共同住宅や商業施設といった建築を成立させている社会的、人間的理由と、その歴史的あるいは時代的な背景などを俯瞰(ふかん)するなかから見えてくる確かさ(リアリティ)や、そこに潜在する可能性や願望にほかなりません。

対象時空間を成立させる場所
Places for Establishing Space-Time

　大地の上に建設される建築には具体的な敷地があります。またその場所に定められた建蔽率や容積率や隣地や道路との関係や日照時間などを規定した法律などもあります。当然のことながら建築はそれらの条件を満たして建てられます。しかし社会的な存在でもある建築には、それに加えて社会的敷地ともいうべき、建築を成り立たせる場所があります。

　一つはプロジェクトを推進する主体を取り巻くさまざまな状況、あるいは背景です。これは前項の『主体の把握』と密接に関係しますけれども、たとえば主体が企業である場合、そこには創業時の意思や経てきた歴史やミッションや企業とプロジェクトを取り巻いている現在的な状況や将来的な方向性などがあり、それらも対象時空間にとって重要です。

　プロジェクトをとりまく社会的、歴史的、文化的あるいは時代的な背景も極めて重要です。社会的な存在である建築は、社会的、時代的な状況や価値観や美意識と無縁ではあり得ません。それと同時に、対象時空間を取り巻くそれらが、どのようにつくられ、これからどのように変化し得るか、その変化と対象時空間との関係のありようも重要です。

　もう一つは人間という、建築的時空間が最も重視すべき要素です。人のために創られる建築は、人間の特性に反したり、それを損なったりしては成立し得ません。そこには温度や湿度などの心身にダイレクトに影響を及ぼすことや個々人の判断に大きな影響を及ぼす美意識や価値観はもちろん、人間が本来持っている特性や感覚を活かすことが含まれます。

　建築はこれらが重なりあう場所に建てられます。そのような場所性を踏まえて創られなければ、人の営みを育み周囲や社会に何らかの影響を与える時空間として愛され、その場所に存在し続けることが難しくなります。つまりは成功がおぼつかなくなるということです。逆にいえば建築の生命力はこれらの建築を成立させる場所と大きく関係しています。

建築の価値と時空間経営

Humans, the Value of Architecture, & the Management of It's Space-Time

建築的時空間プロジェクトにおいては対象建築の社会的価値や経営的側面を把握する必要があります。経営的側面とはプロジェクトの予算や建設期間などももちろん含まれますけれども、それにもまして建設後、時が経っても、オーナーや経営者が代わっても建築的時空間価値を維持し、社会的価値がむしろより高まることを目指すことが重要だということです。

戦後の東京のように戦争によって破壊され焦土となった場所に急いで必要な建物をつくる必要があった状況のなかでは、こうしたことはあまり深くは考慮されませんでした。東北の大震災の時にも仮設住宅などが必要最小限のものとして設置されクオリティなどはあまり重視されませんでした。しかし考えてみれば、そのような時こそ実は時空間性が問われます。

コストと空間のクオリティとは必ずしも比例しませんから、その場合に材料や工法や配置や居住性やバリエイションや供給システムなどを含め、良く考えられた優れた建築空間が仮設の概念を超えて創られれば大きな建築的時空間価値を持ちますし、個々人がそこで一時的に耐え凌ぐということを超えた豊かさや、新たな社会性のありようが生まれ得ます。

また時が比較的緩やかに流れていた過去の安定した時代の社会や、現在のヨーロッパなどのような、かなり成熟した社会においては、優れた建築的時空間は社会的な価値を持つと同時に、長期間にわたって時空間経営を行ない得る、大きな現実的価値を持つものとみなされました。もちろん京都や奈良の名建築もそのような価値を持ち続けています。

アメリカ合衆国のように金融資本経済活動が盛んな国などでは個人住宅から超高層ビルにいたるまで、優れた建築は高い利益を産み得る金融資産であり最も重要な売買の対象です。これはもちろん建築ができた後の資産運用ですけれども、プロジェクトにおいては時空間創造者は主体のパートナーですのでそのようなことも射程に入れる必要があります。

対象時空間の役割(ポジショニング)
The Role of Objectivism in Space-Time

　建築的時空間創造プロジェクトでは、すでに述べてきたように設計者の視点や建築主の視点からだけではなく、対象時空間が持ち得る意味や役割をあらゆる角度から総合的に見ることが必要です。なぜなら特定の場所を占有して建つ建築は、それに接する人によって異なる意味を持つからです。加えてアプローチや視点を変えることで意外な発見があります。

　たとえばオーナーから工場を設計してくれと頼まれ、求められたことに十全に応え、内部空間が快適な工場になり、オーナーやその工場で働く人たちに喜ばれたとしても、その工場とは全く関係のない人や、付近を散歩する人にとって気になるのは外観や建築の大きさであったり壁の色であったり、漏れてくる音であったりします。

　工場がかつて野原であったところに建てられたとすれば、そこを遊び場にしていた子どもたちにとっては遊び場を奪った建物ということになります。住宅地であったとすれば周囲の景観との間に違和感が生じるかもしれませんし、それによって不動産価値が下がることを心配する人もいれば、雇用を期待して喜ぶ人がいるかもしれません。

　個々の建築は常に、それが建つ場所や周辺の環境や、建築や街路や広場などが寄り集まったものとしての街区や、それらの集合体としての都市と共にあります。もちろんそうした関係のすべてに十全に配慮することは不可能ですけれども、大切なのは建築的時空間が新たに出現することによって起き得る変化について、さまざまな観点から考えることです。

　重要なのは必ずしも周囲の環境に溶け込むようなかたちで環境を維持することだけではありません。人間や社会は既存の状態を維持することを好むと同時に、そこに変化が起きることも求めます。また建築のような大きな物体をつくれば、必ず何らかの変化が起きますから、そこにどのような変化が起きることが望ましいかを見定めることが重要です。

対象時空間の人間的、社会的可能性
Socio-Human Possibilities within Objectivism in Space-Time

　建築的時空間創造プロジェクトでは、それによって起こり得る社会的負荷について考えることが必要ですが、それと同時にプロジェクトと関係があると思われる人間的、社会的可能性について考えることが、それにもまして重要です。つまりそこでの営みが人間の何を育むものとしてあり、社会の豊かさの何と連動し得るかを見極めることが必要です。

　しかし当然のことながら、一つのプロジェクトで多くのことを実現することはできません。多様な記憶や経験や夢や関係を持つ個々人のありようや生き方と同じように、極めて複雑な要素や歴史や文化や偶然の集合体である都市もまた変化は常に部分的に起きます。しかし新たな建築的時空間の創造によって人や都市の変化を牽引することは可能です。

　一つの場所に建築空間を創るということは、無数にあり得た可能性から最終的にたった一つの現実とそのありようを選択し、それ以外を捨てるということを意味します。したがって選び取った可能性は、他のすべての可能性を凌駕する、あるいは少なくとも捨て去ったすべてをその可能性の広がりのなかに抱いているという確信が必要です。

　重要事項の把握は、その確信に辿り着くための、つまりは建築的時空間の創造に不可欠なマスターヴィジョンの創造のための基礎となる準備作業です。この作業がないと、目指す建築的時空間ができ上がるまでプロジェクトをとおしてずっと掲げ続けることになる旗印ともいうべきヴィジョンに、捨て去ったすべてにみあう力と普遍性が宿りません。

　大切なのは、重要事項の把握をとおして対象時空間を取り巻くあらゆることをできるだけ見落とさないようにすると共に、そのプロジェクトでしかできないこと、あるいはそのプロジェクトだからこそできることを見いだし、それを人間や社会の本質とつなげ合わせ、そこに潜むどんな可能性を顕在化し活性化させる仕事なのかを明確化することです。

建築的時空間の特殊性
Architectural Space-Time Specificity

　建築的時空間創造プロジェクトにとって、この章で述べてきた重要事項の把握が必要な理由は、建築空間の特殊性と深く関係しています。空間には、建築空間のように物質によって構成されているいわばハードな空間と、法律のように言葉などによって構成されていて、目には見えないけれども社会的なルールとして人々の行動を規定する空間などがあります。

　空間の基本的な特徴として最も重要なことは、空間には内と外があるということです。建築であれば壁や窓が内と外を分けていますし、憲法は、言葉によって、その国が目指すべきこと、してはならないことが書かれていて、それが国のありようを、つまりは国の内と外とを緩やかに規定します。法律もまた、していいことと悪いことを規定します。

　法律は法を犯したとき、つまり法で定められている生活空間の内から外に出てしまったときはじめて、法の空間の内と外との境界を構成している透明な壁が、極めて強固な現実的な壁として具体的に存在しはじめますが、普段は目には見えません。しかし建築的な空間はそうではありません。街路も建築も、常に明確に人の行動を規定し続けます。

　たとえば街路は自ずと人の営みや街のありようを規定します。街の中で人は路の上を歩き、それが車道であれば車がそこを通ります。都市計画図の上に引かれた一本の線は単なる地図上の線ではなく、無数の人や車がその上を日々行き交い、それ以外の場所を通らないことを意味します。それが車道か歩道かによっても、そのありようは大きく変わります。

　建築も同じです。人は通路を通りますし建築の中から外は窓などの開口部からしか見えません。しかも内と外との関係は建築の内部と外部とで逆転します。つまり建築的時空間創造は、でき上がった建築と触れ合う人々の営みを長期に渡ってどう規定するかを決めることですから、図面の上に線を引く前の仕事こそが極めて重要です。

第 3 章

建築的時空間創造プロジェクトにおけるプロセス
Processes for the Creation of Architectural Space-Time

建築的時空間創造プロジェクトでは
個々のプロジェクトに応じて
なすべきことを段階的に
なすべき順序にしたがって行なう必要があります。
そうすることによってプロジェクトを
創造的かつ円滑に進行させることができると共に
不用意に障害に直面することなく
対象時空間が獲得し得る
最大限の可能性を追求することができます。
本章ではそのプロセスについて述べます。

全体のプロセス
Overall Process

　建築的時空間創造には、前章の『重要事項の把握』を含め大きく分けて七つの基本的なプロセスがあります。『重要事項の把握』『創造的解析』『ヴィジョン創造』『コンセプト創造』『マスタープランと空間の創造』『創造的施工監理』『建築的時空間運営』の七つです。この基本プロセスを順に踏むことがプロジェクトを成功させる秘訣です。

　本書では主に『重要事項の把握』『創造的解析』『ヴィジョン創造』『コンセプト創造』『マスタープランと空間の創造』を RBTA が実現した建築空間と共に述べますが、本章では『創造的解析』以降のプロセスの概要を述べます。『創造的解析』は『重要事項の把握』を踏まえて創造的な観点から、潜在し実現し得る最良の可能性を模索することです。

　『ヴィジョン創造』はプロジェクトにおいて何を目指し何を実現するかを明確化し、それをチーム全体が共有し得る言語で表現することです。『コンセプト創造』はヴィジョンを実現するための具体的な方法を創造し明示することです。方法には空間のありようや新たに生みだすべき工法や材料、プロジェクトの進行方法、そのための体制なども含まれます。

　『マスタープランと空間の創造』は、ヴィジョンとコンセプトを具体的な建築空間として描き、それに基づいて建築空間を可視化することです。『創造的施工監理』は、プロジェクトが建設のステージに入ってから完成するまで、対象空間が目指すものにできるだけ近づくよう細部にわたって見守り、施工をディレクションし監理することです。

　『建築的時空間運営』は建築が竣工してから運営者が行なうものですが、建築的時空間創造者は『重要事項の把握』や『創造的解析』の段階で、その概要や方向性を理解しておく必要があります。また『創造的解析』において、プロジェクトに最も相応しいチームの可能性や進め方や、構造や材料や建設方法を含めた技術的な可能性の検討なども行ないます。

創造的解析
Creative Analysis

　『創造的解析』は、プロジェクトを取り巻くさまざまな重要事項を、さまざまな角度から、批判的な要素も含めて冷静に把握した後、創造的な観点から、対象建築空間を創るにあたって、重要事項の中に潜在する可能性や、それを活かすための技術や方法を含めて総合的に解析し、そのプロジェクトにおいてこそ実現しうることを探す作業です。

　『創造的解析』とは、そのプロジェクトにおいて実現すべきことの優先順位を明確化する作業でもあります。それが次の『ヴィジョン創造』へのジャンプ台の働きをします。特定の場所と関係と目的と条件と背景を持つ建築には、そこでしかできない何か、そこでこそできる何か、あるいは、それによって拓き得る飛躍的な何かが必ず潜んでいます。

　重要なのは、そうした特定の諸条件が、どこで重なり合い交じり合っているかを目的と照らし合わせて見つめることです。ネガティヴポイントには、それを解決して飛躍的な現実を創りだす方法が秘められています。場所や主体の現実や個有性や歴史からは、本質的な可能性やより豊かな物語につながる多くの糸口が見いだせます。

　大切なことは、そのプロジェクトの結果、その場所が前より良くなることです。あるいはそのことによって、建築空間内での営みがより豊かで快適になり、その存在が周辺にポジティヴな変化をもたらすことです。人にも都市にも過去があり、すべてを一瞬にして変えることは不可能です。しかし人も場所も都市も、それに適した変化への可能性を秘めています。

　『創造的解析』は可能性の広がりにつながる最も創造的なポイントが何かを見定めることであり、それを現実化するきっかけとなる働きを対象建築が果たすようになるための美しさのありようとは何かを追求し、それに対する確信に辿り着くことです。そうしてはじめて、そこから飛躍して、誰もがわかる旗印としてのヴィジョンを創ることができます。

ヴィジョン創造
Vision Creation

　『ヴィジョン創造』はチーム全体が向かう方向と目的を明示するもので、プロジェクトをとおして掲げるべき揺るぎない旗印を創造することですから極めて重要な作業です。ヴィジョンがないと対象建築を建設主体が創って良かったと思えると共に社会的に見ても存在意義のある、調和のとれた（ハーモニー）美しくて生命的な建築空間を創りだすことができません。

　『ヴィジョン創造』は具体的には、建設主体の目的や意図を人間や社会の本質と重ね合わせ、そこから対象建築での個有の営みばかりではなく、対象建築を含む街区の景観や社会の営みに、新たな豊かさや美しさや誇りや活力をもたらすにはどうすればよいか、どこに向かって進めばよいかを考え、それを皆が共有できるよう分かりやすく言語化することです。

　建築空間の創造には多くの人が関わります。建設主体や、構造や設備などを含めた空間創造チームはもちろん、図面化された空間を建設する人や部材を創る人も無数にいます。関係者たちがその仕事によって何を創り出そうとしているのかを知っているのと知らないのとでは結果に大きな違いが表れます。知ることで思いがけない工夫や創意も生れます。

　つまりヴィジョンは、人々の創意や力を結集させ対象建築に求められた以上の成果をもたらすための旗印であり、それができて良かったと人々から思われ、街区や社会に受け入れられるようになるための指針です。したがってそれは単なる夢や掛け声ではなく、対象建築での具体的な営みや、その中に潜む人と社会の本質とつながりあっている必要があります。

　もちろん一つのプロジェクトであらゆることを実現することはできません。しかし人間や都市や社会は極めて多様性に富んでいると同時に、それらはすべてどこかでつながりあっています。言い方を変えればヴィジョンの役割は、求められた必要条件を満たすと共に、対象建築にそれ以上のポジティヴな何かを、主体と人と社会にプレゼントすることにあります。

コンセプト創造
Concept Creation

　『コンセプト創造』はヴィジョンを現実の建築的時空間として実現するための工法や材料や技術を含めた方法やチーム編成や進行上の算段、さらには対象空間が竣工後、健やかに稼働するための動線や空間配置を含めた空間的プログラムを創造することです。つまりコンセプトはヴィジョンと共に次のステージ『マスタープランと空間の創造』の具体的な指針です。

　言い方を変えればヴィジョンは、たとえば国にとっての憲法のようなものであり、コンセプトやプログラムはヴィジョンと一体となってそれを現実化するための法律、あるいは生命体の姿とありようを決めるDNAのように、対象空間に個性と普遍性と地球の上に建つものとしての現実性をもたらす仕組や法則(ルール)の働きをするものです。

　建築空間の建設には複雑な工程があり長期の建設期間を必要とします。そのすべてに建築的時空間創造者が直接立ち会い、すべてを指揮することは不可能です。仮にそれができたとしても、それが必ずしも良いとは限りません。建設は多くの職人的技芸を必要としますし、たとえ同じ材料を用いたとしても結果的に創り出す効果や印象は無限にあり得ます。

　そのとき明確なヴィジョンと方向性と筋のとおった法則(ルール)や仕組があれば、設計段階にせよ施工段階にせよ、プロジェクトに関わる人たちがそれぞれ創意や工夫を働かせることができます。建築的時空間は無数の協働の賜物(たまもの)ですから、そうしたポジティヴな働きが積み重なるのとそうでないのとでは、天と地ほどの違いが結果に表れます。

　生命体に異質のものを排除する力や、免疫力や自己再生力があるように、ヴィジョンとコンセプトが明快であれば、対象時空間に相応しいものとそうでないものとを、現場が自ずと判断するような働きが生れやすくなります。そうしたことのすべてが、ひいては対象時空間の生命力や美しさや物語性を高め、時空間運営や経営にも大きな影響を与えます。

マスタープランと建築空間の創造
Creation of Master Plan and Architectural Space

　マスタープランは『重要事項の把握』『創造的解析』『ヴィジョン創造』『コンセプト創造』に基づいて創られる対象建築空間の全体像です。ここで初めて具体的な平面配置や立面を含めて実現すべき対象空間の具体像が描かれます。つまりマスタープランは、ここまでのプロセスを経て、これしかないという確信を得たうえで創られる建築空間を可視化したものです。

　こうしたプロセスを経ずに用途や機能や流行(はや)りのスタイルやボリューム把握をしただけで、いきなり完成予想透視図(パース)を描くという安易なことがしばしば行われたりしますけれども、これは主に二つの意味で好ましくないばかりか実に危険です。一つは建築は単なる造形や絵図ではないからです。もう一つはその絵図が持つ無意味な拘束力や既視感です。

　すでに述べてきたプロセスを経て創られたマスタープランは、対象空間での営みや主体の意図や構造や最大限の可能性などを把握した上で構築されたヴィジョンを建築空間化したものですから、そのまま図面化し建築空間として実現させることができる現実性(リアリティ)を有しています。それが建築空間との必然的なつながりを持たない安易な絵図との違いです。

　建設主体は建築の完成を楽しみにしていて、どのような建築ができるかを早く見たいと思ったりしますけれども、単にそのような欲求に応えるために描かれたような絵図は、見る人の好き嫌いに訴えるだけで、気に入らなければすぐに描き直される程度の次元にあって建築とはほど遠く、後に問題が生じる原因となりやすいものです。

　また日本などでは大きなプロジェクトの場合、しばしば高名な建築家にイメージスケッチのようなものを実施設計と切り離して依頼することがありますけれども、これも極めて危険で問題を生じさせやすい手法です。それはこれまで述べてきたヴィジョンやマスタープランの存在理由を無視し、事業としての建設を過度に重視する手法だからです。

創造的施工監理と時空間運営
Creative Supervision of Construction and Spacio-temporal Management

　マスタープランに表された対象建築空間は、一般的にはそれに基づいて図面化され建設主体と設計者と施工業者との契約を経て建設に移されます。そのとき立体である対象建築空間のありようのすべてを平面化された図面に描き表すことができるわけではありません。材料やその色合いや質感や耐久性などを含め、多くの現場での判断が求められます。

　『創造的施工監理』とは、現場での様々な判断や、予想外のことが生じた場合や不慮のトラブルなどに際して、ヴィジョンやコンセプトやマスタープランの主旨にできるだけ添うよう、さらには想定された以上の結果につながるよう建設現場を見守り指揮する作業です。また問題が生じた場合は常にそこから最善の解決策を発見すべく努力することが必要です。

　建設には安全性や建設請負工事金額や工期などの遵守すべき現実的な約束がありますし、複雑な建設工事の中では、材料の品質と金額と使用効果などと目指す対象建築空間との関係はもちろん、想定していた部材や機具などが品切れだったり製造中止になっていたりなどあらゆることが起きますから、それらに対して常に創造的に対処することが必要です。

　『時空間運営』は、対象建築ができ上がった後、それを活用する人たちが行いますが、対象建築空間はそれが健やかに快適に行われるように創られなければなりません。そのとき本項で述べてきた七つのプロセスとその意味を創造的施工監理者やプロジェクトのディレクターが十全に把握していることが極めて重要な働きとなって結果に表れます。

　建築的時空間は、人の手によって創られる人と社会のための生命的営み、すなわち未来の営みや記憶を育むための空間です。建築でも街でも新たに創られる都市空間でもそれは同じです。つまり建築的時空間は、未来を見つめつつも人と社会の現実とそこに潜む可能性と密着していなくてはなりません。本章のプロセスはそうなるために不可欠な作業です。

第4章

RBTAの作品を通して知る
人と社会と建築の関係の新たなありようの創造

Coming to Understand Through the Work of RBTA
Creation of New Ways of Relating People, Society and Architecture

具体的な建設主体や目的や場所や予算などの
さまざまな現実的条件のなかで行われる建築的時空間創造プロジェクトでは
その場所やそのプロジェクトにおいてこそ実現し得る課題(テーマ)と
それを形に結晶させる旗印ともいうべきヴィジョンを見いだし
それを可能にするコンセプトや工法などの創造に総力を結集してこそ
新たな時空間の可能性が拓(ひら)かれ得ます。
本章では
RBTA（リカルド・ボフィル タジェール・デ・アルキテクトゥーラ Ricardo Bofill Taller de Arquitectura）
が実現した建築的時空間の具体例をあげながら
人と社会と建築の可能性や関係の新たなありようの創造について
前章のプロセスの中の主に
『重要事項の把握』『創造的解析』『ヴィジョン創造』
『コンセプト創造』『マスタープランと建築空間の創造』
に焦点を当てて述べます。
RBTAを具体例として採用したのは
彼らがその長い建築的時空間創造活動をとおして一貫して
近代建築におけるいわゆるインターナショナルスタイルに異議を唱え
人の本質や人が快適に暮らすための場である社会の本質
そして建築空間の建設という仕事の本質を見つめ
プロジェクトをとおしてそのつど
過去の歴史や文化や空間と近代以降の未来を見据えて
さまざまな可能性を切り拓いてきたからです。
人間の長い歴史から見ればたった二百年しかない近代という時代。
そこで得たもの失ったものを見据えながら
人と社会と文化と場所に立脚した新たな建築的時空間のありようを創ること。
それが建築的時空間創造に携わる者のこれからの役割です。

4-1
LA FÁBRICA(ラ・ファブリカ)に見る
目指す方向性と方法の表明
Representations of Direction and Methods of Expression in LA FÁBRICA

建築的時空間創造は基本的には
新たに建築空間を創りたいと考える建設主体から直接依頼されたり
建設目的を公表してを具体的な案や方向性を求める
コンペティションなどで選ばれて始まります。
しかし建築空間は通常の商品とは違って
完成するまでは全体像や実際の空間のありようがわかりません。
つまり建築的時空間創造はまだ見ぬ商品が売り買いされる仕事ですので
基本的に互いに相手を信用するところから始まります。
その信用を支えるものは
建築空間創造者がすでに得ている社会的信用や実績であったり
建設主体がパートナーの可能性を信じる勇気や洞察力だったりします。
社会の中に創りたいものの見本となる建築がすでに存在し
それに準じた建築空間を創りたい場合には建設主体は
そこに自分の目的や意図や想いを加味すれば良いわけですが
建築空間創造者が無名であったり
既存の建築にはない新たな空間を創る意志を持っている場合は
容易には仕事と出会えないという現実に直面します。
そこで若きリカルド・ボフィルが採った方法は極めて斬新でした。
自分がどのような建築空間を目指すか
そしてそれをどのようなチームによって行うかを
19世紀のスペインで最初の巨大なセメント工場の廃虚を
自らの自宅と仕事場を一体化させたかつての職人の工房のような
全てが一体となった建築空間へと変貌させることで自らが表明したのです。
幸いにも父親がバルセロナの建築施工会社を経営していたため
若くして建築を設計する機会に恵まれ
すでに斬新な建築空間をいくつも実現していたリカルド・ボフィルが
自分たちの方向性や方法や能力や可能性を見定めた時点で創り出した
自らの美意識と方法と哲学と創造性を表明した空間が
スペイン語で工場という意味を持つ『LA FÁBRICA』です。

巨大な廃墟と化していたセメント工場

緑におおわれた現在の LA FÀBRICA

LA FÀBRICAのエントランス部分、右側がボフィルの住居とパブリックスペース。左側がサイロを利用したRBTAの仕事場とパートナーアーキテクトの住居やゲストルーム。

RBTAの作品を通して　LA FÀBRICA　方向性と方法の表明

LA FÁBRICA を創るにいたる背景
Background for the Creation of LA FÁBRICA

　建築施工会社を営んでいた建築家の父に連れられ幼い頃から現場を体験していたリカルド・ボフィルは、建築が人の手によって建設され、あるいは壊されて消滅するものだということを肌で知っていました。また様々な歴史と文化が折り重なるアンダルシア地方やギリシャへの旅をとおして、建築が時代や文化と一体のものだということを実感していました。

　またカタルニア地方には古くからの美しい街や建築があり、バルセロナには歴史的地区に加えて、19世紀にいち早く産業革命を取り入れて繁栄したことを背景に行われた大都市計画により、モデルニスモと呼ばれる一大建築文化ムーヴメントが興隆し、資産家たちが競ってガウディ等の優れた建築家を擁して創った数多くの美しい建築が存在します。

　地中海に面した港街であり、古いものと新しいもの、地域性と世界性が自然に溶け合った人間的で自由な文化風土を持つバルセロナで育ったボフィルは、斬新でありながら風景や街と調和する伝統的空間言語を取り入れた独自の建築をさまざまな場所で矢継ぎ早に実現しますが、活動の初期（1962年）から独自のクリエイティヴチームを組んでいました。

　RBTA（Ricardo Bofill Taller de Arquitectura リカルド・ボフィル建築工房という意味）は、人間や建築や都市が多様で有機的なものである以上、それを創るチームもまた多彩な才能の集まりであるべきだという彼のヴィジョンに基づくもので、そこには建築家だけではなく、詩人、俳優、社会学者、職人、数学者、経済学者などが集っていました。

　数々のオリジナリティ溢れる独自の建築を実現したRBTAはその集大成ともいうべき大規模な都市開発プロジェクト『空間の都市』をマドリッドでスタートさせます。しかし当時はスペインはフランコの独裁政権下にあり、極めて自由な発想で評判を呼んだプロジェクトは行政の圧力によって中止を余儀なくされ、RBTAはそこから新たな戦略を展開します。

躯体を残して完全に廃墟と化していたセメント工場

廃墟のなかで構想を練るリカルド・ボフィル

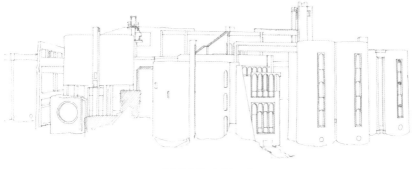

全体像を描いたスケッチ

LA FÁBRICA におけるヴィジョンとコンセプト
Vision & Concept for LA FÁBRICA

　市民から強い関心を持たれたにもかかわらず『空間の都市』プロジェクトが中止に追い込まれたことで、建築建設が政治や行政を含めたさまざまな社会的現実や既存の価値観に大きく左右されざるを得ないという現実に直面したボフィルは、しかし同時に、それまでに実現した建築で用いた方法や方向性やRBTAというチームの有効性に確信を持ちます。

　そして人と社会の本質と可能性に立脚し、過去と未来と地域性を融合させた、近代建築の規制概念や枠組みを超える建築を創造し続けるには、自分が目指す方向と方法を誰もが分かるような姿で表すしかないと考えます。それが、それまでのRBTAの集大成としての集合住宅WARDEN 7と、自宅と仕事場を融合させたLA FÁBRICAです。

　19～20世紀初頭の建設ラッシュを支えたバルセロナ郊外の巨大なセメント工場の、役目を終えて廃虚と化した場所を購入したボフィルは、自分たちの手で不用部分を壊しセメントの残渣(ざんし)で一杯だったサイロを掃除し、植栽を施して、工業へのオマージュとバルセロナの歴史的空間言語への敬意を込めたやや非日常的な空間を創り、そこをRBTAの本拠とします。

　工場の躯体(くたい)や質感や記憶を残したまま、そこに近未来的な意匠を導入し、全く異なる要素が優雅に調和する、シンプルだけれどもダイナミックな、静かな落ち着きを感じると同時にエキサイティングな、創造力をインスパイアする要素に満ちた彼らの仕事場であると同時に主要なメンバーの住居でもあるLA FÁBRICAは、未来に向けた彼らの宣言でした。

　それは明らかに、過去を切り捨て目的や機能を重視し全てを近代的スタイルで統一する近代建築や、家庭と仕事、政治と芸術、進化と退化を区別し生産と消費を拡大させ続ける近代の仕組(メカニズム)への叛旗であり、それを変えてみせるというRBTAの強い意志と美意識の可視化でした。この方法は、既成概念を超えようとする者にとっての一つのモデルとなり得ます。

カテドラルと呼ばれている、作品の展示、レセプション、食事、イベントなどのための空間

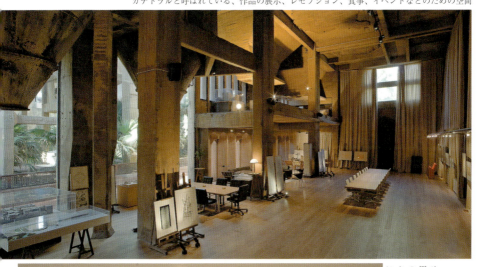

リカルド・ボフィルの仕事場。円筒状のサイロの内部はチームの仕事場、パートナーアーキテクトの住居、ゲストルームなどになっている。

サラクビカと呼ばれるボフィル家の居間、親しい友人たちを招き入れるスペースでもある。

LA FÁBRICA 以前の RBTA の初期の建築
Architectures Before LA FÁBRICA

イビサの家

　リカルド・ボフィルの最初の建築作品。地中海の島イビサ島に建設された親戚の別荘。風景に自然に溶け込むようイビサ島の民家の伝統的なスタイルを踏襲しているが、複雑な間取りが多いイビサの古民家とは違って内部は極めてシンプル。地勢や土地の文化を尊重しつつ、そこに新たな空間性を取り入れるというボフィルの特徴がすでに表れている。RBTA が創った個人住宅は、ファミリーや親しい友人の依頼によるものだけで、この作品を含め4軒しかない。これは彼らの創造力や方法は、社会的な建築的時空間創造に用いてこそ意味があるという考えに基づいている。

モデルニスモ建築の百花繚乱を牽引したバルセロナの都市計画

　産業革命をいち早く取り入れ港街という特色を活かして繁栄したバルセロナは1860年代に都市計画(アーバニズム)という言葉の始まりとなったイルデフォンス・セルダ (ildefons cerda) の都市計画(ウルバニスモ)、旧市街地のゴシック地区を包み込む巨大なスケールの新市街を創る新都市大拡張(エイシャンプレ) (eixample) 計画を断行する。現在のバルセロナは基本的にこのマスタープランに基づいて創られている。歴史的な繁栄を背景にしたこの建設需要から、アントニ・ガウディ、ジョセップ・ジュジョール、ドメニク・イ・モンタネール、プーチ・イ・カダファルクなどの天才建築家たちが生れた。

RBTA の最初期の建築

　セルダのエイシャンプレは対角線の大通り(ディアゴナル)を抱いて碁盤の目状に張り巡らされた道路に囲まれた約90m四方の敷地に、高度を制限した建築を井形状に建設し、その中のパティオ的に囲まれた中庭に緑を配するという計画で、通りに面して建ち並ぶ建築の主に1階部分を店舗や商業施設として利用し、2階に建築主の住居、上層階をそれ以外の住宅とする形式。建築家やプロモーターや職人たちはファサードやエントランスや階高の高い1、2階の部分や2階の張り出し窓に盛んに趣向を凝らすなど、それぞれ個性を競いあったが、RBTA の初期の作品もその伝統を踏襲している。

家族が増えるなど必要に応じて部屋を継ぎ足していくイビサの古民家は角が丸い厚い壁の独特なスタイルをしていて、ル・コルビジェも強く影響を受けた。

セルダのエイシャンプレ計画のマスタープラン。左の黒い部分が旧市街のゴシック地区。

RBTAの作品を通して LA FÀBRICA 方向性と方法の表明

リカルド・ボフィルの最初期の集合住宅作品
（Nicaragua 通りの集合住宅のファサードとBach 通りの集合住宅のエントランスホール）

4-2
WALDEN 7 に見る
集合住宅の新たなありよう
（ウォールデン シエテ）

New Ideas in Apartments in WALDEN 7

近代社会においては中央集権的な国家の仕組のもと
産業化社会を稼働させるための大量の労働者が大都市に集中して
都市における住宅の需要が爆発的に増大しました。
それに応えるために近代都市ではどこでも
大規模な集合住宅が建設されました。
それらの多くは同じ大きさ同じ間取りの住宅を大量に連ねるとともに
それを何層にも積み上げたもので
長四角の箱状の均質な住宅を効率良く詰め込んだ形式でした。
RBTA はそれに対して、そうではない可能性を追求し
'60～'70 年代の半ばにアプローチを変えた様々なプロジェクトをとおして
いくつもの独創的な集合住宅建築を実現しました。
既存の建築やデザインや価値観の枠の中で建築をつくるのではなく
人々の生き方のありようから出発し
家族とは何か、その関係とは何か、コミュニティや家の所有などの概念を
根本から捉え直し、暮らしに必要な空間ユニットを組み合わせて
多種多様な住居バリエーションを創り出すことができないか。
しかもそれをデザインがあって建築ができるというプロセスを逆転させ
全体像がユニットの組み合わせによって結果的に姿を現わす建築。
物と労働と貨幣が大きな価値を持つ近代社会における生活とは対極の
自然の中の生活に豊かさを見いだそうとしたソローの書物
『ウォールデン 森の生活』にインスパイアされた
第 7 のユートピアを意味する建築名を持つ WALDEN 7 は
その頃の RBTA の集合住宅建築に関するチャレンジの
集大成ともいうべき仕事です。
この作品では人間の集住、そして建築設計や建設の方法に関する
RBTA のヴィジョンとコンセプトと哲学を
凝縮して展開しています。

多様なバリエーションからなる446戸の住居が、ロジカルに幾何学的に組み合わさりながら、モニュメンタルなスケールでそびえるWALDEN 7。さびれたサン・ジュストの街が高級住宅街となることを牽引した街のシンボルであると同時に、近代の集合住宅の概念を打ち破った建築史的な作品。

WALDEN 7における重要事項の把握と創造的解析
Understanding Important Matters and Creative Analysis in WALDEN 7

　産業革命によって急激に都市部に労働者が集中した近代の大都市では劣化する居住環境と住宅の不足を解消すべく郊外での集合住宅建設が推進されました。当初鉄道を利用したいわゆる田園都市(ガーデンシティ)モデルがロンドンなどで比較的裕福な層に対してつくられましたが、やがて一般の労働者に対する均一の住宅を効率よく配した集合住宅が盛んに建設されます。

　効率とはもちろんコストと戸数と敷地とを考え合わせた経済効率で、このいかにも近代的な価値観に基づく集合住宅では、多くの場合、片廊下や内廊下に面して同じような間取りの住宅が連なり、1階と同じ平面が上へと重ねられ、5階建て7階建てといった高層の巨大な積み木のような建築が建設され、それが世界標準化していきました。

　日本の公団住宅などにも取り入れられたそれは、イギリスのハワード（Ebenezer Howard）などの田園都市(ガーデンシティ)的なものとは異なり、住宅供給を優先させた画一的なものでしたが、いかにも効率的であったため、世界中の都市のいたるところに巨大な郊外団地を出現させ、それがやがて都市の集合住宅建築の見慣れた姿となっていきました。

　そうではないありようを追求したRBTAは、反近代的ともいうべきさまざまな要素や価値観を取り入れた集合住宅建築を次々に実現させていきます。たとえば、人は家族である前に個々人であるべきであり、そのためには1戸1戸の住居はどれもが同じではなく、できる限り多くの多様なバリエイションを用意すべきだと考えました。

　それによって、同じような階層の同じような生活スタイルを持つ家族が大量に住む近代的な集合住宅ではなく、多様な人々が多様な住みかたをし、しかも自宅へのアプローチや窓からの景色などがそれぞれ違いながらも、全体として大きなコミュニティを形成し得るような建築を、幾何学などを上手く導入すればできるはずだとRBTAは考えました。

城壁に囲まれて上へと伸びる集落のようなWALDEN 7。居室の小さな開口部は陽射しの強い地中海建築の特徴。

壁の色や通路の形も含め居室へのアプローチがそれぞれ異なる。

個々の住居はユニットが横につながったり縦につながったりなどしていて、約一〇〇〇のユニットで四四六戸の住居が構成されている。

通常の概念を超えた大きなスケールのエントランス。

5つあるパティオの一つから見たエントランス。

WALDEN 7 におけるヴィジョンとコンセプト
Vision and Concept for WALDEN 7

　WALDEN 7 は、いくつかの極めてチャレンジングなヴィジョンを有しています。一つは都市型の住居に定着していた寝室と居間と台所などの目的別の部屋を組み合わせた均一的な空間構成と、必要最小限の階高や間口などの極めて平準化されたスケール感などの、なかば常識化した集合住宅に関する既成概念を打破することでした。

　もう一つはファサードをあらかじめ考えない空間設計の方法を編み出すことでした。多くの建築は通常ボリュームの把握などをしたあとで、まるで絵を描くかのようにファサード（外観）をデザインしようとします。しかし WALDEN 7 では多様な間取りや空間構成を持つ446戸の住戸の有機的でロジカルな組み合わせが結果的に外観を構成しています。

　もう一つは、巨大なセメント工場などの、バルセロナのモデルニスモ建築の建設を支えながらもすでに寂れてしまった郊外の工業の街サン・ジュスト（San Just Desvern）を、LA FÁBRICA と一体となった WALDEN 7 を創ることで再生できないかということです。これは結果的に実現され、この街は今ではバルセロナ郊外の高級住宅地になっています。

　RBTA は、人はそれぞれ個有の美意識や価値観を持つ多様な存在であって、豊かな文化や人間性もまたそれを許容する多様な社会によって育まれるのであり、そうである限り集合住宅もまた出来る限りそれに寄与すべきだという考えを持っています。したがって WALDEN 7 では室内空間はもちろん、住戸へのアプローチなども極めて多様性に富んでいます。

　WALDEN 7 はそれ自体が一つの集落であるかのように創られています。北アフリカのカスバでは個々の住居がプライバシーを保ちつつ複雑につながりあって人間的な街を構成しています。14階建てで、5つのパティオと2つのプール、個々の住居からの景色が異なる WALDEN 7 は、まるで自然発生的に上へと増殖していったカスバのようです。

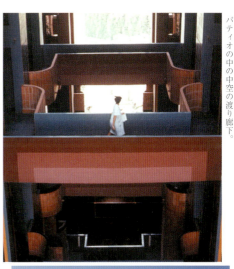

パティオの中の中空の渡り廊下。

見る角度によって異なる景観。

屋上のプール。

RBTAの作品を通して

WALDEN 7 集合住宅

場所によって通路の表情も違う。

五つあるパティオの一つ。

個々の家のエントランスの表情もさまざま。

WALDEN 7 以前の集合住宅におけるさまざまな試み
Various Challenges in Apartment Before WALDEN7

GAUDÍ DISTRICT（ガウディ街区）
　ガウディの生地であるバルセロナ近郊のレウスでの500戸の都市計画的プロジェクト。四角い箱のような集合住宅の概念を打破しようとした最初の作品。すでに幾何学的な空間構成を試みている。また通常の車道と低速車道と歩道の動線を分離するなど単なるベッドタウンではない街創りを意欲的に展開。住宅や店舗、カフェやレジャー施設や公共施設などを含む。

KAFKA'S CASTLE（カフカの城）
　バルセロナ近郊の避暑地シッチェスの丘に建設された集合住宅。たった一種類のユニットモジュールをロジカルな法則によって連ね積み重ねて多彩な表情を持つモニュメンタルなスケールの建築を創り出す試みを行った作品。建築図面化が難しいため、設計図も完成予想図もなく法則を記したマスターコンセプトに基づいて全てを現場で判断する方法で建設された。

XANADÚ（キシャナドゥ）
　フビライ・ハーンが幻想の桃源郷をイメージして創った夏の離宮の名前を冠する海辺のリゾート地に建設された集合住宅。建築にとって地勢は極めて重要だが、この地の独特の地勢的要素を重視して、海上の幻想的な島と呼応する形態になっている。ヴィジョンや地勢や幾何学やロジックや隠喩や現場などを重視するRBTA的な方法を凝縮させた作品。

LA MURALLA ROJA（赤い城壁）
　XANADÚと共にアリカンテのリゾート地の、スペインの伝統的な様式を持つ住居群を含め様々な要素がカスバ的に混在するLA MANSANERA（ラ マンサネラ）プロジェクトを構成するラビリンス的な集合住宅建築。住宅群を護るシンボリックな城壁の役割を果たしている。なおこうした様々な試みがWALDEN 7などへとつながっている。

GAUDÍ DISCRICTの中通路。RBTAの集合住宅では基本的に個々の居室へのアプローチやそこでの景観の変化が重視される。

丘の上の街のようなカフカの城。

単に形象を似せるのではなく建築と島とを対比させて場所に唯一無二の景観をもたらしているXANADÚ。

スペインの強い陽射しに映えるリゾート住宅群を護る城壁のような住宅。これらのフォトジェニックな住宅群は、WALDEN 7を含め、約半世紀を経てますます人気が高まっている。

RBTAの作品を通して WALDEN 7 集合住宅

4-3
LES ESPACES D'ABRAXAS(アブラクサス空間群)における
公共集合住宅建築の新たなありよう
New Methods of Public Apartment Housing Construction in ABRAXAS

近代国家においては
公共事業が国家運営の重要な要素になっています。
その理由の一つは近代国家は基本的に
国民を主権者とする国民国家の概念のもとに構築され
平等に基本的人権を持つ存在としての国民の健やかな暮らしに寄与し
それを促進してこその国家であり
政府や行政は国家運営を国民から委託されている存在であるという
建前のもとに国家の仕組がつくられているからです。
そこでは国家予算という名の税金の再配分も
国民に公平なかたちで行われるべきであり
道路であれ橋であれ公共建築であれ教育や医療や福祉であれ
国民が必要とすることや国民の生活に寄与するものに使われてこそ
意味があるとされるからです。
もう一つの理由は近代国家が基本的に産業化社会を指向し
経済を活性化し、その規模を継続的に拡大させて
国を富ますことが国民の生活を豊かにすることだとして
産業の振興を国家が推進してきたからです。
そのとき大きな予算を必要とする公共事業は
多くの労働力や大量の建設資材の需要をつくりだすばかりか
関連事業への波及効果も高く、なかでも建設事業は
中央集権的な仕組のなかで国力の増大を指向する国家にとって
産業を鼓舞し経済成長を促すためのかっこうの施策でした。
そうした背景の中で
低所得の都市住民への生活権を担保する公共事業として
集合住宅建設がさかんに行われましたが、しかしこの事業は
税金をあまり払えない特定の人々に向けて税金を使って行われるため
小さな住宅をローコストで効率よく大量に建設する必要があり
多くの矛盾と課題を抱えていました。
なにかと不自由なスペインから活動の舞台を国外に移したRBTAは
その矛盾と課題に斬新なヴィジョンと方法(コンセプト)で挑みました。

アブラクサスの中庭の中心にある凱旋門と名付けられた集合住宅建築。ABRAXAS は全体が RBTA がデザインした工場生産のプレキャストコンクリートパネルで構成されているために外観に反して極めてローコストだが、ABRAXAS を構成する3つの建築の中で最も小さなこの凱旋門は、他の二つの建築のために大量生産した様々なパーツの余りを用いて創られているのでさらにローコスト。なお基軸線が全体を貫いているのは RBTA の大規模プロジェクトの一つの特徴。

LES ESPACES D'ABRAXAS(アブラクサス)における重要事項の把握と創造的解析
Understanding Important Matters and Creative Analysis in ABRAXAS

　大量生産、大量消費と経済成長を前提にして産業を振興させるメカニズムを持つ近代国家では、大量の工場労働者を必要とし、その人たちの生活のための商業などの需要もあって、都市への極端な人口の集中が進みました。ヨーロッパはもともと階級社会であり、地方や外国から、仕事を求めて都市にやってきて労働者となった人たちの多くは低賃金でした。

　そのような人たちが、居住環境があまりよくない裕福な人たちが住みたがらない地域に密集して住み、そのことによって環境がさらに悪化するといった都市問題が、近代の初期においてすでに、ロンドンなどの近代化に先行した都市で深刻化し、上下水やゴミ処理や病院などの都市インフラや、労働者の住居の確保が大きな都市課題になりました。

　やがて大都市では、近代都市の栄光と矛盾が光と影として表面化しはじめ、その課題を公共事業によって整備せざるを得なくなっていきます。つまり近代都市の華やかな部分と、都市への人口の集中によって生じた劣悪な環境といった暗部。そうした近代都市が抱え込むことになる二面性の是正が、常に近代都市の大きな課題であり続けています。

　また交通機関の整備によって、都市の近郊に大規模な公共集合住宅がつくられるようになっていきます。パリでも郊外にコンクリートの巨大な箱を並べたような、均一的で味気なく都市性もない、仕事場から寝に帰るためのいわゆるベッドタウンが増殖していきました。さらにはそんな住居さえ確保できないような低所得者も増えていきます。

　RBTAは、狭くてローコストの住居を郊外に大量に税金でつくらざるを得ないという、まるで仕方なく義務として美観など無視してつくるしかないような、公共集合住宅を取り巻く、建築空間創造にとっては一般的にはネガティヴでしかない条件のすべてを反転させ、むしろそれを逆に利用して豊かな空間を創り出すことができないかと考えました。

劇場と名付けられた建築の街に面した部分の外界に面したファサード。ここではリカルド・ボフィルは、巨大都市（メガポリス）パリの中に、どこまで外界とは異質の、低所得者や移民が共に暮らすための豊かで閉じられた小宇宙空間を創り出すことができるかというテーマにチャレンジしている。

左側の建築が「劇場」、右側が敷地の中央に位置する「宮殿」と名付けられた建築。中央に見えるのが「凱旋門」、中央に見える、この建築には、遊牧民（ノマド）的と自らが言うボフィルが旅から学んだこと、とりわけイタリアのルネサンスやバロック建築のエッセンスなどが凝縮されている。

RBTAの作品を通して　LES ESPACES D'ABRAXAS　公共集合住宅

ABRAXAS におけるヴィジョンとコンセプト
Vision and Concept for ABRAXAS

　RBTAはまず、望めばどこでもどんな家にでも住めるお金持ちと違って、政府が建ててくれた安い家賃の家に住むしかない人たちこそ、自分の住まいに誇りが感じられる御殿のような家に住むべきだと考えました。また仕事場から遠く、とりあえず寝食だけを考えればよいというベッドタウンの役割を逆手にとって、それを楽園のようにできないかと考えました。

　また、政府が社会福祉の一環として、クオリティや美観をはなから無視し、つくらざるを得ないからつくるというような、そして住む人もまた、どこか肩身の狭い思いをしながら我慢をして住まなくてはいけないような公共集合住宅に、建築を創る喜びと、創られた建築に住む喜びという、建設本来の喜びを取り戻すことはできないかと考えました

　このヴィジョンの実現のためにRBTAは、プロジェクトを取り巻く一般的には不利と想われる条件をポジティヴな条件へと置き換え、そこから飛躍的な解決を見いだす様々な方法を編み出しました。当時フランスでは公共集合住宅を安く大量に効率よく建設するための建築部材のプレハブ化が進みましたが、それによって郊外の団地はどこも画一化しました。

　RBTAはその生産システムを逆に利用し、工場の職人たちに指示して部材そのものをロジカルにデザインして、それを組み合わせて個性豊かなどこにもない建築を創り出すことを考えました。それは工場の生産システムの技術が高度化、精密化していたからこそできることでしたが、同時にその部材を創る職人たちの潜在力を最大限に活用することでもありました。

　建設は高度に機械化された部分と人手に頼る部分とが混在する仕事です。その利点と欠点を解析し、近代建築における常識や事情に囚われずに経済性と豊かな空間表現とを両立させたのが後にボフィルのオルミゴンと呼ばれることになるRBTA独自の工法でした。これはさらに大判のパネルを現場製作したり材料や仕上げを工夫したりなどしてより洗練されていきます。

劇場の中庭に面した部分のファサード。通常の集合住宅のように個々の住居が分離されることなく、全体で一個の建築の表情を構成しているので、住民は全体が自分の館であるような感覚を持つ。一時、立て替え計画が持ち上がったが住民の反対によって中止された。現在、隣接する敷地に新たに増築することを依頼されている。

外部に面した重厚なファサードを持つ建築に守られた内部には、住民が自分たちのためだけの空間性を感じられる内庭がある。外部からこの建築群の中に入ると気配が一変して親密な空間性を感じる。ちなみにRBTAは人間が集住する場所では、人々の出会いと交流の場としての劇場的な広場が極めて重要だと考えている。なおこの建築にはガウディのグエル公園へのオマージュが込められている。

ABRAXAS におけるコンセプトとマスタープラン
Concept & Master plan for LES ESPACES D'ABRAXAS

　ギリシャ神話の365の光を放つ天国を意味するアブラクサスはパリの郊外に建設され、それぞれ『宮殿』『劇場』『凱旋門』と名付けられた３つの集合住宅建築と住民のための庭によって構成されていて、具体的には半円形の『劇場』とコの字型の『宮殿』が敷地の外郭に外界から居住地を護る城壁のように配されています。

　居住地の外部に面した巨大な建築の重厚なファサードとは逆に、その２つの建築に抱かれるように配された住民のための庭に面したファサードは優雅で美しく、その庭の中央に『凱旋門』が配されています。３つの建築は移民や地方からの労働者などの低所得者向けの公共住宅で、住戸は基本的に奥行きが8.1ｍで一部はメゾネット形式になっています。

　低所得者向けの公共集合住宅建築に、都市の歴史と力と文化と栄光を象徴する、欧州の都市にとっての最重要建築につけられる名前を冠したところにボフィルの意志が如実に表れています。つまりこの都市的な建築群の景観や美しい庭などのすべてがここに住む住人のものであり、一人ひとりが誇り高く人生を生きるために存在しているということです。

　建築の外殻はロジカルに精密に創られた様々なコンクリートパネルを組み合わせて創られていて、パネルは既製品ではなく、独自にデザインしたもので、近代建築が切り捨ててきた優れた古典的な建築空間言語を現代に翻訳して取り入れた複雑なものです。意匠を凝らせると同時にコストが安く、その創意が低所得者のための高層の田園都市実現の鍵となりました。

　アブラクサスは西欧の優れた古典建築とガウディの楽園的田園住宅構想である『グエル公園』へのボフィルのオマージュでもあります。この建築群は完成後多くの映画やＣＭに登場し、それはこの空間に人々がカッコ良さや優美さやダイナミズムを感じることの証ですが、それがローコスト集合住宅であることに建設の現実を知るものは驚かざるを得ません。

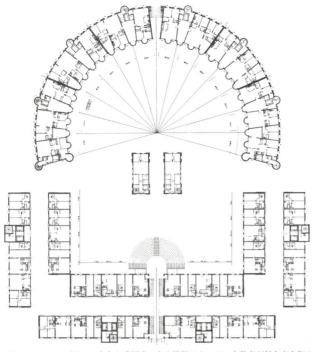

アブラクサスのマスタープラン。大きな重厚感のある建築によって、自動車が行き交う街の喧騒から、住居群の内部空間がしっかりと護られているのがよく分かる。建築の内部の廊下は広く、単なる通路ではなく、住居空間にゆとり感を与えるための共有空間となっている。

宮殿と名付けられた建築の外部に面したファサードの一部。その向こうに劇場が見える。この外観からは、その内部に豊かで人間的な小宇宙があることは想像できない。そこにもボフィルの、モニュメンタルな大きなスケールと、ヒューマンスケールを組み合わせる方法が用いられているが、建築にとっては、そうした驚きや変化も重要な要素

RBTA がフランスで実現した主な公共集合住宅建築
The Main Public Housing Complex Realized by RBTA in France

LES ARCADES DU LAC. LE VIADUC （湖のアーケード）

　パリの近郊に大規模な公共集合住宅群を創出するフランス政府の大プロジェクトを受けて RBTA が独自のプレキャスト工法を初めて用いて創った建築群。沼地を利用した人工湖のほとりに建てられた宮殿のような佇まいの公共集合住宅で、住民のための庭はフランス式の宮殿の庭を、湖に張り出した部分はフランスの古い橋の様式を踏襲している。

写真1：人工湖の上に、建築群の全体の軸線上に湖上の集合住宅の一部を敢えて張り出させることで、優雅な景観を創造すると共に、湖全体を住居群の敷地の内にダイナミックに取り込む働きをさせている。

LES COLONNES DE SAINT-CHRISTOPHE

　『サン・クリストフ社会福祉集合住宅群』と名付けられた低所得者のための公共集合住宅。全ての住居が一体となった壮麗な建築を我家とする住民たちは、住戸によって囲まれた庭に聳えるシンボリックな柱のまわりで、寛いだりお祭りをしたりマーケットを開いたりすることができる。全てにおいて近代の一般的な集合住宅建築の概念の対極にある。

写真2：広場の塔は軸線上にやや傾いていて幾何学的な空間に動的な気配を生み出している。大切なのは、この壮大な建築群が自分の家だと住民たちが感じられる建築全体のありよう。

LES ECHELLES DU BAROQUE （バロックの館）

　パリのモンパルナスの一角に創出された別天地。表通りからは、パリのおしゃれな建築として街並みに溶け込んでいるが、中に入ると、全く異なる世界が広がる。ボフィルにとってのバロックとは堅固で壮麗な建築に人間的な動きを導入することだが、内部と外部の二つの表情を持つ大スケールの建築と小さな単位の住戸の集合体との融合は一般的には極めて難しい。

写真3：イタリアバロック建築へのオマージュでもあるパリの中心部に創出されたダイナミックな優雅さを備えたバロックの館。なおこの建築の右翼は富裕層、左翼は低所得者のための住居。

LES TEMPLES DU LAC （湖畔の寺院）

　ベルサイユ宮殿近郊の人工湖のほとりの公共住宅。これらのローコストの公共集合住宅は、貧しい人たちの住まいに関する RBTA の強い関心と、人間の街や文化と共にあった建築空間に対する敬意と愛情、そして産業と国力を優先した近代の先に人間や文化を大切にする時代を展望するヴィジョンと美的創造力と解析的知力と工夫と情熱の融合の賜物。

写真4：低所得者向けの建築に、住人たちが自分の住む場所に喜びや誇りを感じられるような空間性をローコストで実現するというRBTAの一連のフランスの集合住宅プロジェクトは、公共事業のこれからのありようを示してもいる。

RBTAの作品を通して　LES ESPACES D'ABRAXAS　公共集合住宅

4-4
HOUARI BOUMEDIENNE AGRICULTURAL VILLAGE に見る
地域文化や現実の尊重と新たな営みの創造
Creation of New Activities for Respecting Life in Local Cultures

近代国家は歴史的に見れば
それまでの地球上の地域的な共同体や国家とは異なる
特殊な方法によって社会運営がなされています。
それは具体的には王や首長を頂点とする地域社会運営システムではなく
原則的には立憲議会制民主主義的な制度のもと
国民による選挙によって選ばれた代議士が
憲法の理念を社会化するものとしての法や施策や予算を作り
それに基づいて国を運営していくという建前のもとに
国家の仕組が構築されているということです。
それと同時に産業革命を一つの歴史的な出発点とする近代国家は
工業や産業や経済活動を盛んにし国力を増強することを
基本的命題としています。
国家を運営する費用は国民の税金によってまかなわれますから
税収のもととなる経済活動は国にとって盛んであればある程よく
そこではより多くの製品を生産し
それをより多く継続的に販売するために市場を拡大し
国内外の消費需要を高めて
他国との経済競走に勝ち抜く拡大成長路線が求められます。
そのためには生産力や産業技術力や経済力を高め続け
より多くの市場と消費を確保することが国是とされます。
近代という時代がつくりだしたいわゆる先進諸国とは
そのようなメカニズムをよりパワフルに稼働させる国のことであり
そのようなメカニズムやそれを稼働させる力や習慣に乏しい国は
近代では発展途上国、あるいは後進国と呼ばれます。
しかしいうまでもなく地球上には
大小を問わず様々な地域や生活のありようがあり
それを支える文化や習慣や価値観があります。
そのような場所で建築的時空間を創り出すとき安易にあるいは強引に
近代国家の価値観やメカニズムを当てはめることは危険です。
本項ではそのようなプロジェクトでRBTAが行った方法を紹介します。

北アフリカの砂漠地帯のオアシス集落の建築様式を取り入れた建築。スペインにはグラナダのアランブラ宮殿やコルドバのメスキータをはじめ、11世紀頃から花開いたイスラム文化とイベリア文化の癒合の結晶というべき美しい建築や、パティオなどの居住性の高い優れた仕組みが多いが、アルジェリアやモロッコにも、同じような文化的背景があり、リカルド・ボフィルはそこから多くを学んでいる。同時に、自らを遊牧民（ノマド）的と称するボフィルは、砂漠の魅力やそこをすみかとするトゥワレグ族などの生き方にも若い頃から強い愛着を持っていて、たびたび彼らの生活を体験してもいるが、砂漠地帯に建設されたこの建築には、そのような経験と彼らの文化に対する敬意が活かされている。なおこのプロジェクトは、前項のABRAXASプロジェクトと全く同じ時期の作品で、テクノロジーの進んだフランスの首都パリでの複雑なプレキャストを駆使したプロジェクトと、建築材料といえば、たった一種類のレンガしかなかったアルジェリアの砂漠地帯でのプロジェクトを並行して行ない、RBTAが全く異なる建築を異なる方法で実現していることは、どのような場所でどのような条件下にあっても、地域文化への理解と明快なヴィジョンとコンセプトと工夫があれば、住民に愛される建築創造が可能であることを示している。

HOUARI BOUMEDIENNE AGRICULTURAL VILLAGE における
重要事項の把握と創造的解析
Understanding Important Matters and Creative Analysis in AGRICULTURAL VILLAGE

　HOUARI BOUMEDIENNE AGRICULTURAL VILLAGE（オウアリ・ボウメディエンヌ農業集落）建設プロジェクトは、RBTA がアルジェリアの砂漠に接する場所に、アルジェリア政府の依頼で行ったプロジェクト。この地に住むトゥアレグ族は、基本的に遊牧民であり、少数の部族がそれぞれグループを組んで砂漠を移動する生活をしていました。

　いうまでもなく人は、食べなければ生きていけません。そして食べ物の取得の方法は、人がどのようなところで生きているかによって大きく違います。そしてその違いが暮らしや習慣や技や感覚や感情や美意識や価値観、すなわち文化の違いとなって表れます。太古のままの暮らしをしている場所であれ、近代国家であれそれは同じです。

　そして昔ながらの部族的な生活をしている人たちが、近代的な経済活動が盛んな都市で生活をしている人より劣っているわけではありません。そこには美意識や価値観の違いはあっても人としての優劣はなく、しかもアフリカ文化圏、地中海文化圏、イスラム文化圏が複雑に融合するアルジェリアには極めて多様な歴史と文化があります。

　石器時代の遺跡もあれば、フェニキア、カルタゴの時代には地中海沿いに都市文化が栄え、イスラム教が一帯に浸透してからはムスリム文化が栄え、それはイベリア半島全土にまで及び、今日のスペインに土木や灌漑などの技術を伝えると共に、アランブラに代表されるアル・アンダルース文化の華を咲かせもしました。

　地中海沿いの都市部にはカスバと呼ばれる独自の都市空間様式と都市文化が育まれますが、定住を潔しとしなかったトゥアレグ族などは、都市化を嫌い砂漠に生きる昔ながらの暮らしを選びます。つまり彼らは誇り高き人々であり、まずはそのことを前提としなければ、アルジェリア政府が何を望もうとも目的を成就させることは困難でした。

このプロジェクトは、何かとトラブルの多い砂漠の民であるトゥアレグ族に、定住して農耕や牧畜を行う習慣をなんとか根付かせたいという、アルジェリア政府にとって重要かつ切実なプロジェクトであり、しかもそのベースとなる場所をできるだけ早く建設して欲しいというものでした。与えられた工期はわずか9ヶ月であり、その上1980年当時、その一帯にある建設材料といえば、たった一種類のレンガしかなく、セメントは輸送して来るとしても、それをこねる水も、現場から200キロも離れた場所から水道管を設置して引いてこなくてはなりませんでした。もちろん建設機械や技術者はもちろん、建設工事に携わったことのある人さえいないという状況でした。そこでリカルド・ボフィルは、まずは現地にスタッフを常駐させ、水道管を一本設置し、父親の建設会社からレンガの熟練工を5人呼び寄せ、彼らがアルジェリアの軍隊の兵士たちにゼロから、モルタルをこねるところから技を一つ一つ教える形で工事を進めました、まずは熟練工がレンガの家を実際につくって見せ、兵士たちに、床のつくり方、壁のつくり方、開口部のつくり方、天井のつくり方と、レンガの積み方の基本を教えるところから始め、床の戦い、壁の戦いと称したその作業によって、一つの技を会得すると、それを目指す建築に応用する形で工事を行い、レンガとモルタルと人手だけで創り上げたのがこの建築です。

HOUARI BOUMEDIENNE AGRICULTURAL VILLAGE における
ヴィジョンとコンセプト − 1
Vision and Concept for AGRICULTURAL VILLAGE-1

　国自体はすでに近代国家の体裁をとっていたアルジェリア政府の悩みは、昔ながらの生活を続けて定住しようとしない誇り高きトゥアレグ族の間で争いが絶えないことであり、砂漠の満天の星の下を寝床とし、かつてはサハラ砂漠の交易の主役を担いつつも物資を略奪したりもした戦闘的な彼らを定住させる糸口をつくりたいというのが政府の望み（ヴィジョン）でした。

　厳しい砂漠ではなく、砂漠と接する農耕が可能な地域で牧畜や農耕を行うことで食べるものを彼らが自分たちで安定して得られるようになれば自ずと争いは減る。そのきっかけとなる建築を創ってくれないかというのがRBTAへの政府からの依頼でした。モンゴルのパオ（移動テント住居）がそうであるように、建築空間は人の文化の結晶にほかなりません。

　だとしたら建築空間によって暮らしや文化に変化をもたらすことも不可能ではないはずであり、これは極めて意義のあるプロジェクだと、自分自身が極めて遊牧民（ノマド）的な感覚の持ち主でありアンダルシアの建築やカスバに強い関心を持つボフィルは考えました。そこでRBTAの設計チームのメンバーを現地に送り込み、自らもまた彼らの暮らしを体感しました。

　そうした後にRBTAが採用した方法は、直線的ではない通路とパティオ（中庭）を持つ住居が複雑に寄り集まったカスバ的な空間構成と、原始的な社会生活習慣を持つ人々が狩猟採取的な生活から定住をはじめた時につくる集落の最初の形態である円形とをミックスさせた建築を人手と煉瓦とモルタルだけで創りあげるという方法でした。

　原始的な集落はどこでも住居を円形に配して内と外とを区別することから始まります。また個々人のプライドが極めて高いアラブ社会の集住都市カスバではパティオを持つ住居が組み合わさりながら連なり全体で大きな広場を構成します。そこでRBTAは砂漠を向いた固有の住居と自分たちのための広場を持つ空間を創るというコンセプトを立てました。

全体のマスタープラン。砂漠の中に砂漠に面しつつも、彼らのオアシスの集落がそうであるように円形の住宅群で内を護っている。全体は円と正方形の組み合わせで、黄金比の方形のシンプルな住居ユニットの複雑な組み合わせによって、親しい家族間で構成するプライベートなパティオと、それより大きな、ややパブリックな広場、そして全体の住居群が、部族全体のための、より大きな広場とシンボリックな建築で構成されている。通路は複雑で、どの家も外からは内部を見ることができないようになっている。

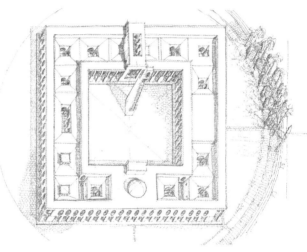

マスタープランの中心にある建築の俯瞰図。ここでもパティオのある建築が寄り集まってミナレット（礼拝を促すアザーンが流される塔）のある広場を囲み、全体として回廊に囲まれた大きな部族全体を象徴する建築を構成している。

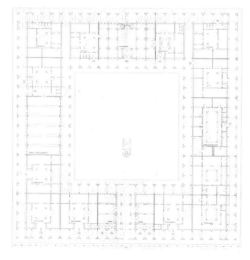

中央部分の建築の平面図。この建築は主に部落全体の公益のための施設なので、図の上方にモスクがあり、左に集会場、右に運営機関、下方にはカフェやお店や公衆浴場などが配置されている。

HOUARI BOUMEDIENNE AGRICULTURAL VILLAGE における
ヴィジョンとコンセプト - 2
Vision and Concept for AGRICULTURAL VILLAGE - 2

　人間には、自分たちの暮らしや文化に関係のあるものを自らの手で創り出しそれと触れ合うことに喜びを感じる人間的な特性があります。それは生き方に対する美意識や自負や誇りと深く関係しています。また多くの人が集住する集落や街を嫌う人がいたとしても、その原因は多くの場合、そこで生じがちな非人間的な側面や権力や理不尽な格差だったりします。

　それはトゥアレグ族も同じです。彼らの価値観を尊重しつつ、カスバと原始的な集落の原理を融合させた空間は彼らに安心感と親近感と、そこが自らの場所であるという自負をもたらし、住みはじめたトゥアレグ族の一部が、そこから出ていかなくなりました。もちろん砂漠にはすぐに行けますし。背後には緑地があって放牧をしたり穀物をつくることもできます。

　自分たちの生活スタイルを保持しながら、食べ物を得ることにも苦労しないとなれば、誰がそこから出ていってわざわざ戦い合ったりするでしょう。結果的に彼らの間の争いは激減しました。依頼主である政府の願いと文化や風習の変化のきっかけを建築をとおして創るという RBTA のヴィジョンは、このプロジェクトにおいて達成されたということです。

　これは実は、いわゆる後進国の特異な例ということを超えた極めて今日的な意味を持っています。現在世界には、ほんの一部の富裕者と、食べることさえ困難な多くの貧困者がいて、そのギャップが創り出す絶望が自暴自棄な悲惨な事件を多発させる原因の一つになっています。また東西冷戦後の混乱を経て狭量な国家主義、民族主義が台頭しています。

　世界中で大国の代理戦争のような局地戦が繰り返されてもいます。西欧諸国とイスラム諸国の対立であるかのように語られるそれらは、つきつめれば異なる価値観に対する差別や蔑視や不寛容、そして金融資本や軍事産業や石油を含めた強者の利権争いによるものが多く、このプロジェクトの成功は、こうした状況を乗り超える一つのヒントを示しています。

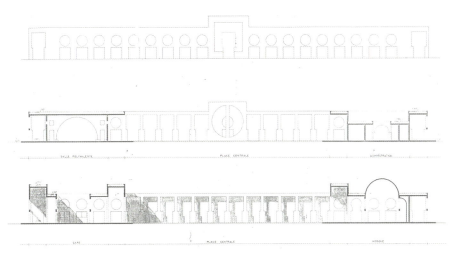

基本的に円と正方形と黄金律で構成された中心の建築の立面図。なぜか人間には幾何学的な造形に対する親和感がある。建築空間においてもそれは同じで、そのことは人の、論理や物語やリズムや規則性（ルール）や物理に対する強い関心とも、どこかで関係しているかもしれない。

廊部分のスケッチ

き上がった回廊部分。シンプルなパターン繰り返しだが、強い光と影がつくりだす刻々と変化する陰影がリズミカルな美しいシーンをつくりだす。ちなみにトゥアレグ族はめて高い音楽性に富んでいる。

UNIVERSITÉ MOHAMMED VI POLYTECHNIQUE における
ヴィジョンとマスタープラン
Vision & Master plan for UNIVERSITÉ MOHAMMED VI POLYTECHNIQUE

　1980年に創られた HOUARI BOUMEDIENNE AGRICULTURAL VILLAGE とおなじように、西欧とは異なる文化や歴史や価値観を持つ北アフリカのモロッコでRBTA が2016年に実現した建築空間をもう一つ紹介します。アラブ諸国の近代化は急激で、というより、すでに近代のはるか先を見据えて自分たちの特色を活かそうとする活動をしはじめています。

　UNIVERSITÉ MOHAMMED VI POLYTECHNIQUE（モハメッド6世総合技術研究大学）は、モロッコを拠点とする世界企業OCPグループの支援のもと、モロッコのマラケシュの北の55ヘクタールの敷地に、主に環境や資源の保護や安全で持続的で安定的な食料生産などに関する最先端技術を総合的に研究し学ぶための大学として建設されました。

　OCPグループは、世界一の埋蔵量を持つモロッコのリン酸塩を利用した肥料を世界に向けて提供する世界企業で、地球の食料の安全保障問題に積極的に取り組み、自然環境や農業や資源の健全な維持に寄与する社会的な企業であることをヴィジョンに掲げると同時に、モロッコにおける人材、文化育成や農業振興を積極的に展開しています。

　モハメッド6世総合技術研究大学も、人と文化と生活と環境と安全と持続性への寄与を社是とするOCPグループが、砂漠地帯のベレンゲールに700ヘクタールにも及ぶグリーンシティを創造する壮大なプロジェクトの一環として計画されました。それに応えて RBTA が創ったマスタープランは明快な直線軸に方形のグリッドを配した増殖性に富むもの。

　また空間表現コンセプトには、イスラム文化圏の人々が好むと同時に RBTA が得意とする幾何学を導入し、フェスやラパトやマラケシュなどの、モロッコの美しい街の空間構成言語を積極的に取り入れると共に、厳しい環境性能評価基準 LEED ND（エネルギーと環境デザインリーダーシップ）の認証を受けています。

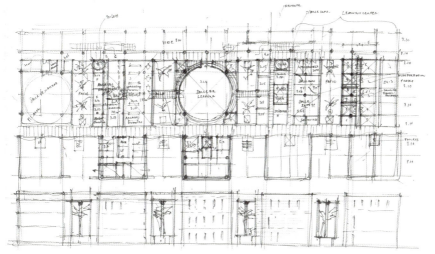

リカルド・ボフィルのパートナーアーキテクト、ジャン-ピエール・カルニョーによるマスタースケッチ。モロッコには、イスラム教、ユダヤ教、キリスト教などと地域性が混ざり合った独特の文化を反映した美しい街がたくさんあるが、このプロジェクトでは、その空間構成言語を現代的な形で取り入れている。なおRBTAでは、総合的な解析やヴィジョンやコンセプトや基本的な空間構成や表現方法などをボフィルが中心となって創り上げ、それをカルニョーやピーター・ホジキンソンなどのパートナーアーキテクトが建築空間化し、それをもとにチーム全体で設計を練り上げていく方法をとっている。

伝統的な空間構成言語を取り入れつつ、それを黄金比を駆使して調和させた現代的な表情を持つ建築の外部に面したファサード。内部のパティオに植えられたナツメヤシが見える。

ガウディがサグラダファミリアなどで用いた構造解析方法を利用した柱の方法によって支えられたパーゴラ（陽よけ天蓋）、屋根面にはソーラーパネルが設置され、大学のかなりの部分の電力がまかなえる。

会議場を兼ねた大教室。近くには大きな会議場がないため、この大学の施設は近隣のパブリックな用途にもさかんに用いられる。

4-5
ANTIGONE に見る
未来に向けた新市街の創造
Creation of a New Part of the City for the Future in the Case of ANTIGONE

このプロジェクトは
南仏のモンペリエ市とその近郊が必要としていた
地域の中心都市としての総合的都市機能を確保すると同時に
モンペリエが未来に向けて
モンペリエ市と周辺地域の新たな営みの中心となる場所を
新たに創出するためのプロジェクトです。
本項では
南仏の古い大学都市モンペリエ市の依頼を受けて
RBTA が総指揮をとり
ボフィルのオルミゴンを活かし
それまで培ってきた建築的時空間創造のノウハウを結集して
モンペリエの中心街の東の
すでに廃業した工場や兵舎などが建ち並んでいた
中心街に匹敵する大きさの36ヘクタールの土地に
公共集合住宅や一般集合住宅や商業施設やオフィスやホテルや
議会や集会場やプールや様々な公共施設や劇場などを擁する
大規模な新市街 ANTIGONE 創造プロジェクトをとおして
未来に向けた街つくりのありようを考えます。
なおこのプロジェクトは、新市街を丸ごと創出するという
都市計画的なスケールの建築的時空間創造プロジェクトであるため
全てにおいてヒューマンスケールを重視し
それと融合させる形で
モニュメンタルなスケールを導入しています。

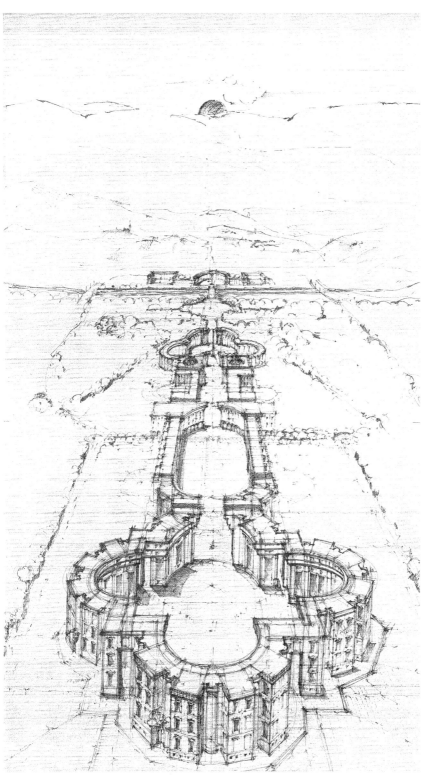

パートナーアーキテクト、ジャン・ピエール・カルニョーによるANTIGNEのマスタースケッチ

ANTIGONE における重要事項の把握と創造的解析
Understanding Important Matters and Creative Analysis in ANTIGONE

　このプロジェクトは長い歴史と文化を持つ旧市街の大きさに匹敵する規模の、まったく新たな街区を旧市街の東に隣接させる形で創出させるという、モンペリエ市の存在と未来を賭けたプロジェクトであり、RBTA にとっても最大規模のプロジェクトであっため、この街のための強靭であると同時にシンプルな都市的ヴィジョンが必要でした。

　モンペリエは、フランス南部の地中海に面したエロー県の県庁所在地で、予言書で有名なノストラダムス（1503～66）が医学部で学んだことでも知られる13世紀に創立されたモンペリエ大学のある大学都市。近郊のニームやアヴィニョンのようなローマ時代以前からある都市などと比べれば比較的新しいが、旧市街には明るい色の石を用いた美しい街並みがあります。

　典型的な地中海性気候で、近郊にはオリーヴやワイン畑を有する美しい街も多く、中世からワインの醸造や貿易で栄え、19世紀には織物業などの産業も盛んになり、明るい色調の石を用いた明るい雰囲気の旧市街の多くがその頃に建造されたものですが、20世紀に入ってから産業が衰退し旧市街の東側一帯が寂れた状態になっていました。

　その場所に新市街を創造するプロジェクトは、この地を含むラングドック・ルションのワインの人気などで街に活気が戻りはじめた頃に、街と近郊の未来に向けた再生のために計画されました。そこで RBTA は、地中海都市の魅力と、堅固な骨格の中に人間的な活動を取り込んだバロック的な要素を融合させるという基本的な方向性を設定しました。

　具体的には、荒廃した工場跡地と軍事施設を計画用地とするこのプロジェクトにおいて、近郊の文化、行政的活動の中心としてしてのモンペリエに新たなシンボル性を付与すると共に、新市街地を自動車交通が過度に重視された近代都市の非人間性から脱した、様々な人々が安心して暮らしを営み多様な文化を楽しみ散策し出会い語らい合える街つくりを目指した。

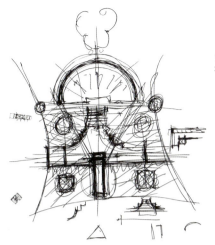

リカルド・ボフィルによる
コンセプト・ドローイング

日市街の東側に隣接して創出された新市街ANTIGONEの全景。中央の軸線上の、川を挟んだ場所にある建築は、ラングドック・ルション地域全体の商業や行政活動の新たな中心としての役割を果たす場所。ANTIGONE全体を街路樹のある道路が取り巻いているが、ANTIGONEの内部には車は入れない、なお駐車場は地下にある。

ANTIGONEの西の端にあるHÔTEL DE RÉGION LANGUEDOC ROUSSILLONと名付けられたこの建築には、会議場やレセプションルームやオフィスや宿泊施設などがある。尚この建築はANTIGONE全体の中心軸上にあるために、五つある広場の東の端からも見える。

ANTIGONE におけるヴィジョン
Vision for ANTIGONE

　RBTA が好んで用いる言葉の一つに Future Memory（未来の記憶）という言葉があります。人は誰しも自分が好きな場所を選んで生れてくるわけではありません。人はみな命を授かった場所でこの世と触れ合いはじめ、その場所の景観を見て育ち、記憶を育みます。たとえ大きくなってその地を離れたとしても、その記憶はその人の中にあり続けます。

　そう考える時、どのような人々の中でどのように育ったかということに加えて、生まれ育った場所の環境の記憶が、その人の一生に極めて重要な影響を及ぼします。人の心身の多くは記憶でできていて、思い起こす場所や景色や出来事が人の活力を奪いもすれば支えもします。だから街のありようは人や都市の未来や活力を大きく左右します。

　つまり建築的時空間を創ることは人や街の未来を創ることにほかなりません。かつて工場の煙突は街の活力の証でした。しかし産業化に邁進した近代とは異なり、これからの都市は文化がその興亡の鍵を握ります。そして文化は過去の営みや歴史とつながりつつも、そこに新たな風を感じて集い暮らす多様な人々の営みと交流と信頼によって育まれます。

　したがって RBTA はかつて重要だったものがあったモンペリエの地勢的な記憶を踏襲しつつも、個々の建築にモンペリエの南仏らしい街並みの明るい表情を取り入れてダイナミックな動線と空間性を持つ近未来的な街を創り、建築だけではなく景観全体や街の方向性までもデザインして、新市街の雰囲気や気配そのものを未来に向けて刷新することを目指しました。

　そこには街の東を流れる既にみすぼらしい用水路化していたレス川を整備することも含まれ、川の西側に展開される新市街 ANTIGONE の、川をはさんだ対岸の水辺にラングドック・ルション地域全体の議会を未来への凱旋門のようにシンボリックに配して軸線の延長線上にでき始めていた住宅街とつなげ、ANTIGONE に動的な広がりと発展性を持たせました。

ANTIGONEが建設される前の、寂れた工場や兵舎などがあった計画対象区域。
RBTAは側を流れるレス川の景観整備も計画対象とした。

ほぼ完成状態にあるANTIGONE。ANTIGONEの中央の基軸線と交差する、ほとんど枯れそうになっていた川を整備対象としたのは、東西の軸線と直角に交差する川の存在を印象付けることによって、当初は軸線に沿って街が発展したのち、街がさらに南北方向に発展する可能性を示唆するため。ANTIGONEを取り巻く敷地に何本かの南北方向の道路を設けた意図もそこにある。

ANTIGONE におけるコンセプト

Concept for ANTIGONE

　工業化した後に廃れた街の広大な一角を、街の未来の新たな営みの場とするための重要な空間の表現言語として RBTA は、現場打ちのためローコストでありながら様々な意匠を凝らすことができる巨大なプレキャストコンクリートパネル、それまで主に公共集合住宅建築に用いてきたボフィルのオルミゴンを全面的に、より洗練させて用いることにしました。

　これは、現場で型を作り、セメントや白セメントに様々な砂や小石などの骨材を入れてつくるもので、建築の目的や周囲の環境などに合わせて、多くの色調や表情や質感を創りだすことができます。ここではそれにさらに研磨をかけて、まるでここにしかないような、明るくきめの細かな美しい大理石や砂岩のようなテクスチャーを実現しました。

　ANTIGONE は、それまでの公共集合住宅とは違って一つの街であり、そこには貧しい人もいれば裕福な人、学生や公務員や銀行員やレストランで働く人や議会に参加する人や観光客などもやってきて、ホテルに泊まる人もいます。街の豊かさは多様性にあり、均一的な街ほど味気なく文化的な創造力が乏しくなります。

　この街には自治体の支援を受けた住居と民営の住居とが半々の割合で創られていて住人の偏りを防いでいます。またここにはホテルやレストランや店舗やオフィスや集会場や劇場などのほか、プール（モンペリエ・オリンピック・プール）などのスポーツ施設もあり、モンペリエ市民だけではなく、周辺や遠くから訪れる人々が集う場所ともなっています。

　街には人々が散策し休み、一人で佇んだり友人と待ち合わせたり見知らぬ人と出会ったりする街路と広場が必要です。そこで RBTA は、ANTIGONE を構成する建築群でこの場所にモンペリエのほかの市街とは異なる柔らかな結界を施し、内部に明快な動線を持つゆったりとした街路と、それと一体となった5つの異なる広場を設けることにしました。

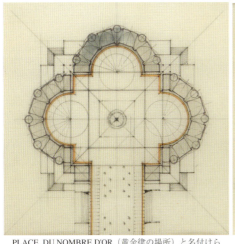
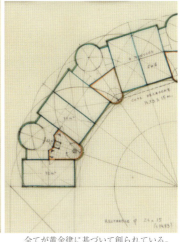

PLACE DU NOMBRE D'OR（黄金律の場所）と名付けられた建築と、それに囲まれた広場のスタディスケッチ。

全てが黄金律に基づいて創られている。

完成された PLACE DU NOMBRE D'OR

PLACE DU NOMBRE D'OR の景観スケッチ

完成された PLACE DU NOMBRE D'OR の夜間の姿

ANTIGONE におけるマスタープラン

Master plan for ANTIGONE

　ANTIGONE のマスタープランは、東西の基軸線上に配置された広場と一体となった街路を中心に、それと直角に外部への通路を設けて方形の建築を配していて、全体が数学的に緻密に計算された幾何学的なモデュールを組み合わせています。それとオルミゴンという空間構成共通言語が多様な空間に確かさと落ち着きと華やかさと調和(ハーモニー)をもたらしています。

　見通しがよく広場ごとに異なる雰囲気を持つ街路は基本的に歩道のみでできていて歩行者と車道を分ける段差はありません。ゴミやサービスなどに必要な車両はその歩道をゆっくりと移動することになっていて、人々は車の心配をせずに街を歩くことができます。また ANTIGONE の外の一般道路とは、軸線と直行する路によってつながっています。

　街路に面した一部の建築の上部が、屋根が庇のように街路の上に張り出していますが、建築の階高と街路のスケールが大きいために圧迫感は全くなく、それが透明な天井のように街路をつつみ護っているかのような気配をつくって街全体に親和感を与えています。またオルミゴンにはゾーンごとに多様な意匠が施されていて、街並みに変化をもたらしています。

　ANTIGONE には極めて多くの建築があるため、その設計図の全てを RBTA が描くことは不可能で、そのためこのプロジェクトでは主にリカルド・ボフィルとパートナーアーキテクトのジャン-ピエール・カルニョーを中心に RBTA がマスタープランと空間構成上のルールを創り全体をディレクションし、多くの建築家と協働する方法がとられました。

　このことは明快な方向性とヴィジョンとコンセプトとマスタープラン、そしてオルミゴンのような空間表現上の基本言語と全体を律する憲法のような設計上のルールがあれば、一定のレベルを超えた建築家であれば、社会的な意義や目的を共有し、仕事や報酬の次元を超えて協働する人間的な喜びと共に、生命的な街を創出し得ることを実証しています。

モンペリエの市街からANTIGONEへの一つの進入路から見た景観。外壁には街と融和するよう南仏らしい明るくて美しい表情のボフィルのオルミゴン（プレキャストコンクリートパネル）が用いられている。

基軸線上から西の方を見た景観。車が通らないので人々は自由に街路や広場を行き来し寛ぐことができる。

LES ÉCHELLE DE LA VILLE（街の天秤）と名付けられた建築の夜景。外壁に用いられているボフィルのオルミゴンは、形状や表面のテクスチャーや色にさまざまな工夫が施されていて、街の表情に多様な変化をもたらしている。左右対称や、通常の調和や均衡を敢えて破ることなども行われていて、随所に、何かの拍子にふと気付くような発見の楽しみがある。

OLYMPIC SWIMMING POOL（オリンピックプール）の屋外プール部分、大きな施設で競技用の室内プールもある。

そのほかの主な都市的スケールの建築的時空間創造プロジェクト
Other Main Urban Space-Time Creation Projects

MOSCOW AGGLOMERATION（モスクワ拡張統合計画）

　2012年に開始されたモスクワの周辺の様々な要素を統合する大都市モスクワの新たな時代へ向けた長期都市計画。大都市は近代において中央集権的な国家運営構造の一つの象徴的な表れとして一般的に、東京がそうであるように都市の中心から外に向かって同心円を描いて円的に拡大してきました。しかし都市計画的に見れば実は、ある程度の規模を超えて円状に広がることは、都市環境の劣化や空洞化や交通渋滞などを招きやすく理にかなっていません。人間的で良好な都市環境の観点からみれば、都市の平面的なスケールには限界があり、拡大や発展は明快な軸線に沿って線的に広がっていく方が都市の個性や多様性を保持しやすく、良好な住環境やインフラなども整備し易い。このプロジェクトは、世界において極めて重要なポジションを占めるロシアとモスクワが自らの先進性を示すためであり、広域の田園都市(ガーデンシティ)創造であるこのプロジェクトでは炭酸ガスの排出と緑による吸収のバランスがゼロになることを目指しています。

THE NOBLE QUR'AN OASIS（高貴なクルアーン・オアシス計画）

　サウジアラビアの砂漠地帯に未来のオアシスのような、イスラム教の聖典クルアーンを研究し学び広めるための研究所を創出するプロジェクト。5つの円形の天蓋(てんがい)に護られた、椰子の木や果樹や様々な植物が生い茂る、ハイテクを駆使した水や空気の繊細なコントロールによってつくられる人工のオアシスのなかの研究所。中庭や道幅の狭い通路や広場など、イスラム都市の伝統的な空間構成言語、とりわけムハンマドの墓のある聖地メディーナなどの街のありようを尊重し、それをスマートな形で取り入れています。砂漠の緑化や、砂漠化を防ぐ方法だけではなく、水や空気や光や音や生態系を含めた人と自然との関係のありようの追求は、これからの人類にとっての大きな課題であり、そのための伝統的な知恵の利用や最先端技術の開発、ならびにそれを建築や街や都市のありように美しく活かすことが、これからの人と社会と自然との健やかな関係を育むこととダイレクトにつながっています。

2,500,000m²という巨大な計画対象面積をもつ都市計画。このようなスケールの大きな計画では、大スケールをヒューマンスケールを見失わずに構想することと、開発を前面に押し出すのではなく、自然の豊かさを上手く用いることが大切。近代では大きな計画においても、ともすれば全域をデザインしようとしたが、これからはむしろ、軸線を明確にした上で、ポイントを定めて未来に向けて布石を配するような計画の方が望ましい。

砂漠あるいは砂漠化した土地の緑化は、これからの大きな課題の一つだが、建築空間構成や材料や構造などの工夫はもちろん、さまざまなテクノロジーを融合することで、これまでには考えられなかったような多くの可能性が生れる。

屋上が緑化された巨大な日傘のような屋根の下のオアシスの中の研究所。

4-6
RBTA のさまざまなプロジェクトをとおして知る
都市や企業の営みの象徴(シンボル)の創造

Understanding the Methods for Creating Symbols of the Activities of Companies and Cities

through Various Projects of RBTA

企業は社会が必要としている特定の何かを提供するために
規模の大小や構成員の数を問わず
人々が集まって特定のことに従事しつつそれぞれが
そのことによって自らの生活の基盤を確保する社会的な仕組です。
企業が活動を継続できるかどうかは
活動の内容や企業使命(ミッション)や目指すことが
人や社会が求めることに
合致しているかどうかにかかっています。
企業は自らの活動や存在に意義があることを
活動やそれによって産み出される商品やサービスをとおして
あるいはそれをアピールする宣伝などによって
伝えようとしますが
そこでは活動の拠点である本社での営みのありようや
企業の存在を象徴するものとしての建築空間も
重要な役割を果たし得ます。
それは都市にとっても同じであり
都市が何を大切にし
未来に向けて何を創るかということが都市の人気と存亡を左右します。
本項では RBTA が実現した
さまざまな企業や都市にとっての重要建築をとおして
都市や企業の営みと人と社会の関係や
それを建築的時空間として表す方法などについて考えます。

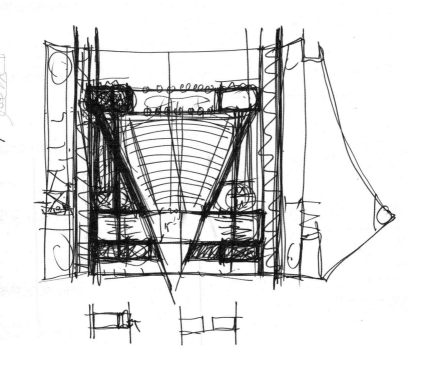

マドリッド市議会場のためのコンセプト・ドローイング

企業の象徴の創造 – 1
Creation of the Symbol of the Company-1

SWIFT HEADQUARTERS（スイフト本部）

　SWIFT（Society for Worldwide Interbank Financial Telecommunication）は、世界中の金融機関間の送金の中継管理機関。ベルギーのブリュッセル郊外の閑静な森のなかの湖畔にひっそりと景色に溶け込むようにして建つSWIFT本部は、洗練されたボフィルのオルミゴンによるエレガントな重厚感と、繊細なステンレスサッシュや支持金具によって創りだした硝子面の美しさを融合させた建築で、古典的な安定感とハイレベルのテクノロジーによって実現された軽やかな解放感をあわせ持っている。建築の内外部から家具や照明器具にいたるまで、空間構成ルールに黄金律と$\sqrt{5}$を用いたRBTAのオルミゴンと硝子の組み合わせの一つの到達点。

CHÂTEAU LAFITTE-ROTHSCHILD WINE CELLARS

　かつてフランス宮廷で王のワインと称され、ボルドーのなかでも最高級のワインを生産するシャトー・ラフィット・ロートシルト（ロスチャイルド）と呼ばれるシャトーの、ブドウ畑の地下に創られたワイン貯蔵空間。シャトーにとって最も重要なのは、ブドウの木と、最高品質の葡萄を育む畑と、そしてワインを熟成させるワインセラー。そこでRBTAは彼等の命ともいうべきこれらの要素を満足させるために、計画地の畑の土壌と葡萄の木をそっくり残し、葡萄の木の根が届く深さより下の安定した温度や湿度の管理に適した地下に、外からは狭い入り口以外は全く見えない美しい空間を創ることで、歴史的なシャトーの願いを叶えた。

CARTIER HEADQUARTERS（カルティエ本部）

　フランスの高級ブランド、カルティエのパリの中心部サントノーレ地区にある本部。オフィスのほかショップやショールームやレストランやバーやフィットネスセンターやイベントホールなどを併設した複合施設。19世紀のナポレオン三世時代にセーヌ知事であったジョルジュ・オースマンが行ったパリの大改造の際に創られた建築を遺すとともに、宝石商らしく美しく華やかな印象をもたらす特殊な硝子を用い、現代建築をサントノーレ地区のシックな佇まいとも調和するよう融合させた。様々な活動を展開するカルティエが、市民に開かれたイベントなどを自由に行えるよう、建築によって囲まれたパティオ（中庭）が設けられている。

より洗練させたボフィルのオルミゴンとステンレス金具を用いて創りだした美しい硝子面との融合。

シャトー・ラフィット・ロートシルト・ワインセラー。100ヘクタールを超すワイン畑の地下にあるワインセラー。右側にあるのは旧来の社屋とワインセラー。

19世紀の建築と共存させたカルティエ本部。パティオを取り囲んで社屋がある。

企業の象徴の創造 − 2
Creation of the Symbol of the Company-2

PARFUMS CHRISTIAN DIOR HEADQUARTERS（ディオール本部）
　フランスの有名ブランド、クリスチャン・ディオールが19世紀の半ばにファッションブランドと共に設立した『パルファン・クリスチャン・ディオール』の本部。同社は60年代からパリの中心部の歴史的な建築を本部としていたが1991年に建築の改修ならびにファサードデザインを RBTA に依頼した。街並みと調和する上品な石材を用いた建築的な枠のなかに美しい宝石のような硝子面を組み込んだデザイン。

J. C. DECAUX HEADQUARTERS（ジー・シー・ドゥコー本部）
　空港や各種交通機関などの広告やシティスケープに配慮したパネル広告やショッピンモールの景観デザインなど、主に都市の外部空間の広告を行うフランスを代表する世界的広告代理店『ジー・シー・ドゥコー』の本部建築。様々な建築が立ち並ぶ2本の道路が交差する角にあるため、おしゃれな安定感と同時に、この建築が景観にもたらす働きを重視している。また企業使命(ミッション)を考慮し夜間の見え方にも配慮がなされている。

UNITED ARROWS HARAJUKU MAIN SHOP
（ユナイテッド・アローズ原宿旗艦店）
　セレクトショップブランド『ユナイテッド・アローズ』の原宿に建設された旗艦店。それほど大きくはない敷地の中央にあえてパサージュ（通路）を創り、その両側にショップを配置して瀟洒なファッション小路的な雰囲気を創りだす大胆なコンセプトで、そのことによって都市的な落ち着きと親和感のある佇まいが生れ、店舗がかえって大きく感じられる。若者の評判を呼び結果的に裏原宿の活性化を牽引する働きをした。

AOYAMA PALACIO（青山パラシオタワー）
　表参道と青山通りの交差点にある複合施設建築『青山パラシオタワー』。建設主体の依頼を受けて RBTA がファサードデザインを行った。表参道という多くのブランドビルが建ち並ぶ、東京では数少ないコスモポリティックな街区の参道の東の起点にあり、地下鉄にも直結しているため、RBTA が得意とする建築の古典的なプロポーションを用いて、地域のランドマーク的な役割を果たすことを目指した。

街並みとの調和と個性の発揮は成熟した場所における重要な要素。
ダブルスキンを利用して深みを持たせた硝子面がブランドの高級感を演出している。

交差点の角の部分の表情の創りかたで街の表情が大きく変わる。

限られた敷地に敢えてパサージュを設けたことで、周囲にそれまで存在しなかった街並みのありようを実感させ、街の未来を牽引する働きをする。

正面のファサードが表参道に面しているこの建築の背後には、全く雰囲気が異なる住宅街があるが、
建築全体が大きなゲートのようになっていて、2つの異なる場所を柔らかくつなげている。

都市の象徴の創造

Creation of the Symbol for the City

THE PYRAMID（ピラミッド）

　1970年代の半ば、RBTAはフランス西南部高速道路公団から不思議な依頼を受けます。それはフランスから国境を越えてスペインに続く高速道路の建設にあたってデザイン的な協力をお願いしたいというものでした。高速道路は自動車が目的地に短時間で行くためのものであって、途中にあるものは存在しないに等しいものと見なされます。しかしそこにはたとえ小さくても、あるいは道路から見えなくても道沿いの場所で暮らしを営む人々の生活や独自の文化や歴史があります。ましてやピレネー山脈の西仏の国境にあるペルツゥスは古い歴史を持ち、かつてマルケ・イスパニカと呼ばれてカタルニア文化圏にありながら、近代において西仏に分割された地域です。そこでRBTAは、道路建設の際の残土を利用して、小さな三角形の山が連なるこの地の地形をシンボライズしたピラミッドを創り、頂上にカタルニアの象徴である4本指をかたどった4本の柱からなる神殿を置きました。オレンジの柱はカタルニアの国旗を象徴しています。

MADRID CONGRESS CENTER（マドリッド市議会センター）

　マドリッド市から依頼されて、スペイン帝国時代の首都としての重厚な建築が立ち並ぶ市の中心部に創った大規模建築。2000人を収容するホールが2つ、200人規模の会議場が4つ、市民サービスのための市庁舎としての機能とオフィス、2000人規模のレストランとパーティスペースや展示場や店舗などの、異なる要素を持つ空間からなる複雑な複合建築で、中心部であるため建ぺい率は100％で敷地の全てを活用できるが、厳しい高さ制限があったため、敷地が傾斜地であることを利用して巨大なボックスを地下に半分埋め込むようにし、それが4つの異なる機能を持つ建築群を内包するコンセプトを創造した。そのため内部の大きさは外部からは想像できず、旧市街の古い道路からは、ほとんど存在感を感じさせない工夫がなされている。これは一般に威圧的になりがちな議会建築の概念の逆で、上記の小さな地域の存在を示すために創られたPYRAMIDの対極にある方法。全体に明るくクリーンで、重厚な建築に囲われたマドリッドの広場とは対称的な解放感溢れる内部広場は、自然光をうまく取り入れ、天井などから柔らかな光が降り注ぎ、巨大な空間の半分が地下にあるとは感じない。

上：ちょうどこの場所がフランスとスペインの国境になっている。

下：マドリッドの街の中心部の重厚感とは対象的な、また市議会建築とは思えない明るさと解放感と多様性を持つ建築。

RBTAの作品を通して　さまざまなプロジェクト　都市・企業の象徴

プラハにおける記憶の継承と新たな営みの象徴の創造
Creation of the Symbol for Propagating Memories and New Works in Prague

古い街並みが残されたプラハ

　周囲の大国に翻弄されながらもスラブ民族の古都として独自の文化性を誇るプラハは、街並が美しく、中心部には古き良き建築が多く世界遺産にも登録されていて、世界中から多くの観光客が訪れます。世界大戦による破壊を免れたため、中心部だけではなく、住宅街にも工場地帯にも、どこか懐かしさを感じさせる建築が多く残っています。RBTA は、そのプラハのかつての工場地帯カルリン地区の工場の外観を、もとの建築の記憶を継承する形で修復し、現代建築の技術を駆使して内部に現代的なオフィスを創りだすプロジェクトを 2000 年から継続的に行なっています。

さまざまなプロジェクトによる多彩な要素の導入

　近年プラハではオフィスを初めとする多様な空間需要が急激に高まっていますが、中心部はもちろん、カルリン地区もプラハの歴史的地区に近く、せっかく遺された景観や街並みの保護の観点から、近代的な超高層オフィスなどを建設するのは好ましくありません。そのような中で、RBTAはプラハの主にカルリン地区で、2000～2016年の間に CORSO I、CORSO II、ECONOMIA NEWSROOM、FORM KARLIN、CORSO COURT、OBECNI、の６つのプロジェクトを実現させています。それぞれ周囲の環境や佇まいを尊重し、通りに面した古い建築のファサードを修復して利用し、内部を大胆に変える方法などを採用しています。

個有の伝統や文化に根ざした未来を創る

　近代に入ってから近代建築が世界を席巻したため、地域文化を背景とした建築や街並みは次第に失われていきました。しかし長い時を経て培われた地域的建築様式は、その地域ならではの知恵の集積です。これからは、産業と進歩を善として過去を切り捨て効率を重視してきた近代的な価値観から離れて、それぞれの地域の文化や歴史や風土やその記憶を大切にすることと同時に、単なる保存という概念を超えて、その地域の新たな未来を切り拓くような、そこにこそふさわしい新たな空間様式を模索することが求められます。プラハでの RBTA の仕事はそのための多くの可能性を示唆しています。

CORSO I の内部、極めて現代的なオフィスになっている。

カルリン地区に道路を挟んで並んで建つCORSO I と、CORSO II（3棟あり総フロア面積は63000m²）。

古い工場のファサードを利用したCORSO I、間口は狭いが奥行きの長い大きな建築。以後連続して展開されることになるプラハの最初のプロジェクト。

右：ECONOMIA NEWSROOMのファサード、鉄骨造りの美しいボイラー工場を改築したもので構造体の美しさを前面的に生かしつつ天井の高い明るく現代的な経済誌の仕事場になっている。

既に人気のオフィス街となったカルリン地区の比較的開けた場所にあるCORSO COURTの側面。

CORSO COURTの内部空間

OBECNIは市内の中心の高級住宅街にある古い集合住宅建築の改修と隣接する新築したオフィススペース、窓の部分のシェードは開閉でき、夜間には住居地区の美しい佇まいを損なうことがないよう光を遮断すれば、建築そのものの存在感が消えて闇の中に姿を隠す。

FORM KARLINは文化フォーラムで、中には3000人を収容できるライブハウスや高機能オフィスやギャラリーなどがある。

4-7
さまざまな建築的時空間の創造
Creation of Various Types of Architectural Space-Time

劇場や音楽堂や映画館や美術館や図書館
市民センターや広場や公園や競技場などの文化的、社会的建築空間は
目的や空間のありようが他の建築とは異なっています。
劇場では一つの建築空間の中で
オペラや演劇やダンスなどが行われ
作品に個有のさまざまな幻想空間が創りだされます。
コンサートホールでもそこで創りだされる音の空間は演目によって
また演奏の仕方によって変わります。
映画館もそうです。
また広場や公園でも単に人々が散歩したり寛ぐばかりではなく
お祭りパフォーマンスが行われたり
マーケットが開かれたりなどして空間の様相はその都度変わります。
つまりこれらの建築はその空間の中で
あるいはそのまわりでさまざまな時空間が創りだされることを
期待し護り促進するための不思議な空間です。
太古の昔から人は実に多くの楽しみかたを編み出してきました。
美しいものやことを求め、何かを知ることに喜びを覚え
美しい絵画や音楽や演劇やダンスや文学や哲学やスポーツや
美しいものや仕草や言葉や表現などに触れ
そこから得た感動によって命を輝かせ
自らの心を成長させ視野を広げ感性を育んできました。
また超高層建築(スカイクレーパー)は近代に創りだされた新たな建築様式であり
近代という時代の特徴や価値観の象徴的な表れです。
表現することを好む存在である人がつくりだした文化とその多様性は
人が人であることの証であって
それを育む場であるこれらの建築空間は
そこで行われることが人間と社会にとってなくてはならない
重要な何かであることを社会的に明示する働きを持っています。

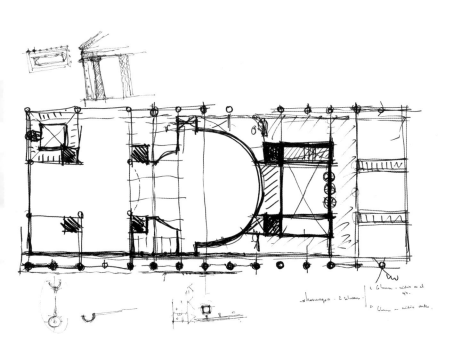

リカルド・ボフィルによる、国立カタルニア劇場のコンセプト・ドローイング

劇場の創造
Theater Creation

L'ARSENAL AUDITORIUM（アーセナル音楽堂）

　ドイツとの国境に接したドイツとフランスの文化が融合したフランスのロレーヌ地方の首都 Metz（メッス）はナンシーやストラスブールと並んでフランドルや欧州内陸部とイタリアをつなぐ交通の要所として栄えた文化の香り豊かな古都。アーセナル音楽堂は、19世紀の半ばナポレオン三世の時代に軍事施設として建造され武器や弾薬の保管場所だった頑強な石造りの建築を1989年に修復し内装を一新して音楽堂にしたもの。アーセナル・ロレーヌ交響楽団の本拠地であり、楽器そのものと称されるほどの音響の良さで定評のあるコンサートホールのほか、リハーサルルーム、レストラン、ギャラリーなどがあり、森林地帯に相応しく、外観とは異なり内部には豊富に木を用いている。EU諸国では軍事力を競い合って大戦争に突入した愚を踏まえ、これからの文化資本の時代を見据えて軍縮を進めて文化を振興していて、これもその象徴。鉄道駅を美術館にしたパリのオルセー美術館、発電所を改造したロンドンのテイト・モダン美術館のように、近代の初期の産業化時代の建築の記憶を遺しつつ文化施設に変えることが各地で盛んに行われています。なお ARSENAL は武器庫という意味。

SHEPHERD SCHOOL OF MUSIC（シェパード音楽学校）

　シェパード音楽学校は、アメリカのライス大学付属の音楽とパフォーミングアーツ教育の名門校で、1991年に広大なキャンパスに、ライス大学の求めに応じて煉瓦と古典的な建築表現言語を用いて創られた校舎には、1000席のコンサートホールや、250席のリサイタルホールのほか、オペラスタジオ、65の練習室、50余の教室や事務スペースなどがあり、それらのほとんどが庭やパティオを望む快適な空間性を付与されている。ボフィルによればホールの音響の良し悪しはステージで奏でられる音と聴衆の感覚との関係、すなわち音楽に対する文化の違いによってさまざまに変わるので、一般解のようなものはなく、どのような音楽をどのように聴くことを好むかによって大きく変わり、極めて大ざっぱに言えばヨーロッパの人たちは発せられた音が建築にはね返って聞こえてくる音、つまり残響音の良さを楽しむが、合衆国では、ステージからの音が直接聴衆の耳に届くことを好むという違いがあるという。これは音や光を数値で計って、それを設計基準とするのとは異なる方法や可能性の存在を示しています。

上4点：軍事施設の弾薬庫などを改築したアーセナル音楽堂。音響の良さで定評がある。

下4点：テキサス州ヒューストンの、シェパード音楽学校。劇場やコンサートホールでは多くの市民のためのコンサートや演劇などが行われている。

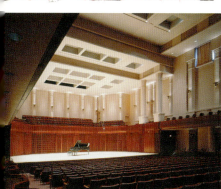

オリンピック関連建築の創造
Creation of Olympic Related Architecture

NATIONAL THEATRE OF CATALONIA (国立カタルニア劇場)

　バルセロナは文化芸術活動が盛んな街です。1992年のオリンピックでは、バルセロナを代表する2つの前衛演劇集団が開会式と閉会式の演出を行いましたし、旧市街の150年をかけて建設された大聖堂(カテドラル)の前の広場ではさまざまなイベントが開かれ、モデルニスモの時代にドメネク・イ・モンタネールによって創られた美しい音楽堂は今でも頻繁にコンサートが行われます。そんなバルセロナの新たな時代に向けた文化創造のシンボルとして創られたカタルニア国立劇場は、建築が密集する中心部からやや離れているため、広々として開放的なギリシャ神殿のような骨格の内側に硝子壁に囲まれた大ホールを持つ神殿と劇場を融合させたような建築。多目的大ホールや前衛芸術などのための中ホールではもちろん、屋根と硝子に護られた、屋内広場のようなエントランスホールでもさまざまな催しを行うことができ、大きなレストランもある。また外部の前庭でも、エントランス階段を客席とし劇場を背景にして催しを行うことができるようになっている。

INEFC (INSTITUTE FOR PHYSICAL EDUCATION OF CATALONIA)

　バルセロナ市は1992年のオリンピックを行うにあたって、オリンピックそのものを、バルセロナを未来に向けた文化都市とする一大文化ムーヴメントと位置づけた。オリンピック施設が林立するモンジュイックの丘に建設された、オリンピック後にカタロニア運動教育研究大学となったこの建築もその一環で、20,000m²の大建築だが、丘の斜面を利用しているため正面は極めて控えめな建築になっている。次頁の写真の奥の塔はカラトラヴァ、その奥の室内競技場は磯崎新の設計。

OLYMPIC VILLAGE APARTMENTS (オリンピック選手村)

　バルセロナオリンピックの選手村として建設された集合住宅。上記の建築と同じくオリンピック後を見据えて海沿いに創られた。近代においてバルセロナは工業と輸出入で栄えたため、港やその周辺はそれに特化された場所で、市民にとって快適な場所ではなかった。そこでバルセロナはボフィルの提案で港周辺をポスト産業化時代の文化資本を活かす文化観光都市を展望する大規模な港再生計画を行った。その結果、この辺りは今ではお洒落な住宅街へと変貌し、港周辺は市民の憩いの場となった。

最高級の設備を備えた
国立カタルニア劇場。
極めてロジカルなプロ
ポーションと建設テク
ノロジーを用いていて、
柱は屋根を支える外部
の円柱だけで内部には
柱はない。

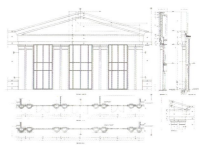

あたかも現代建築の展示場のようなモンジュイックの丘の
カタルニア運動教育研究大学。ファサードなどには磨きを
かけた美しいボフィルのオルミゴンが用いられている。

現在は集合住宅となっている元オリンピック選手村。
壁には煉瓦を用いたカタルニアの伝統的な表現を取り入
れている。

RBTAの作品を通して　建築的時空間

公園と文化施設の創造
Creation of Parks and Cultural Facilities

TURIA RIVER GARDENS（トゥリア河岸公園）

　バレンシアはパエリアや火祭りなどで有名な地中海に面した都市。温暖な地中海性気候だが、トゥリア河の河口にあるため、突然の豪雨によってしばしば川が氾濫した。その災害をなくすため大規模な工事を行い上流から街を迂回して海へと水を流す運河をつくったことによって街の中心部にあった長い帯状の、もともとの河と広大な河川敷に緑地や公園や公共施設をつくることが可能になり、そのマスタープランを依頼された RBTA は、基本的なルールと多様性を組み合わせたプランを創りました。これは一般に土木と建築を分離して考える近代の手法とは異なる、新たな公共事業の可能性を示しています。

MANZANARES PARK（マンサナレス公園）

　首都などのメガポリスはどこでも近代の都市整備の手法が招いた基本的な問題を抱えています。1つはかつての都市の外環部に工場や発電所や上下水施設やゴミ処理施設などの都市運営インフラを集中配備したこと。これによって自然の森や河川が本来の機能を失いその部分の環境が劣化しました。もう1つは道路や鉄道の優先配備によって郊外に巨大なベッドタウンができたことで、これによって巨大都市の内部に劣悪な環境が取り込まれるという問題を引き起こします。マンサナレス公園化プロジェクトは、メガポリスを分断していた環境が劣化した負の部分を一気に市民の健康や未来の文化のための場所に変えるという大プロジェクトでした。

　RBTA が創ったヴィジョンと、それに基づくマスタープランは、かつてはマドリッドの生命線でもあったマンサナレス川周辺を整備して広大な場所を確保し、悪臭を放っていた汚水処理場をクリーン化し、諸施設を環境に配慮したものに徐々に変え、高速道路を埋設し、600万m^2もの広大な土地に公園や緑地やサイクリンロードや散策路やスポーツ施設や音楽施設などなどのさまざまな施設や多様場所を配置して、メガポリス・マドリッドの中心部と住宅街との間に緑豊かな10キロもの長さのグリーンベルトをつくり、そこを新たな時代のマドリッドの新たな文化創造の中心(センター)へと育てていくという、大都市再創造の一つの可能性を展開するものでした。

プロジェクト全体のマスタープラン

トゥリア河の氾濫による水害を防ぐ運河を建設したことによって街の中心にできた長大な川床を緑化し、文化施設やスポーツ施設などの市民のための公共の憩いの空間を創出したトゥリア河岸公園プロジェクト。

メガポリス・マドリッドの新たな中心となるべく創られた10キロの長さの広大な文化公園マンサナレス。マドリッドの中心部の広大なことで知られるレティーロ公園の3倍の広さがある。産業より生活環境を重視し自動車より市民の暮らしや文化を優先したことによってできた公園。

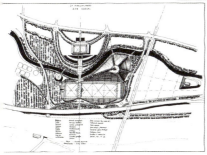

計画の中の音楽施設がある部分のマスタープランスタディ

RBTAの作品を通して

97　建築的時空間

都市文化の新たな象徴の創造
Creation of a New Cultural Symbol for the City

PA SODER CRESCENT（ピーエーソデール再開発）
　ストックホルム南駅に隣接する44,000m²土地の再開発（1992年）。駅につながる直径180メートルの半円形の広場と舗道と公園を融合したような公共空間を310戸の共同住宅や店舗や地下駐車場などからなる建築によって創出している。庭に面した部分にはボフィルのオルミゴンを用いて親近感のある特別な表情を創り、外側は既存のスタイルと調和させたよりクラシカルな表現。RBTAが半月形の広場を採用した最初のプロジェクト。

LENINGRAD（レニングラード劇場）
　RBTA は、かつてレニングラードと呼ばれていた美しい街サンクトペテルブルグの歴史地区で、古都の良さを活かしつつ、やや権力的な雰囲気のあった地域に人間性を導入する ALEXANDRIA と名付けられた集合住宅や商業施設やオフィスや公園などからなる大規模の複合施設を展開しているが、このLENINGRADプロジェクトは、2013年にかつて映画館だった建築の良さを遺しながら改装し全体を一新させたプロジェクト。

　サンクトペテルブルグの中心部にあり、コンサートや前衛演劇はもちろんファッションショーなどの中規模イベントができるハイテクを駆使した最先端の演出環境や音響設備、デジタル配信設備などを装備したホールや、それと連動する高級クラブ、景色の良さを活かしたレストランなどを擁している。プロジェクトチームに舞台美術などのロシアの優れたアーティスト達を起用し、既に文化創造、発信の拠点となっている。

MIGUEL DELIBES CULTURAL CENTER
（ミゲール・デリベス文化センター）
　かつてのスペイン帝国の拠点であり首都でもあった、カスティージャ・イ・レオン州の州都バジャドリッドの、同地の出身のスペイン文学国家賞受賞作家、ミゲール・デリベスの名を冠した文化センター。カスティージャ県の依頼で、最新設備の劇場、音楽堂、大講堂、図書館、さまざまなカルチャールームなどを擁する大規模な複合文化建築を建設してかつての活力と栄華と誇りの復興(ルネサンス)を牽引するためのプロジェクト。

半円形の建築に囲まれた広場の直径は180m、都市にモニュメンタルな中心性と駅に隣接した市民の憩いの場の創造を両立させたプロジェクト。

サンクトペテルブルグの新たな文化の創造、発信基地となるべく創られたレニングラード。

レコンキスタを完了させたスペイン帝国の始祖、イザベルとフェルナンドの両王が結婚式を挙げた街であり、一時期首都でもあったバジャドリッドは、近年寂れて昔の面影を失っていたが、そんな古都の栄光を取り戻すべく創られた最新鋭の設備を備えた文化総合施設。

RBTAの作品を通して

建築的時空間

摩天楼のモデル創造
Creation of the Skaycraper Modeles

　20世紀の初頭、工業化時代における美のありようを追求したいわゆるアールデコの時代にアメリカ合衆国で、テクノロジーの時代の幕開けを宣言するかのように建造され、その後世界中に広まった超高層建築（skycraper）は、垂直にどこまでも高く空へと延びる意志を表す、人類の長い建築の歴史の中でかつてなかった建築モデルです。

　もちろん以前にもイスラム文化におけるミナレットやキリスト教圏における鐘楼や尖塔、都市文化を象徴するフィレンツェのジョットの塔や、鉄骨の未来に向けた可能性を体現するかのようなエッフェル塔のように高い建造物はありましたが、それらは基本的に平面的に発展する街や文化の象徴として、その広がりと共に存在しました。

　摩天楼はそれとは全く概念が異なり、限られた土地の上にどこまで高くフロアーを重ねていけるかを、周囲とは無関係に、あるいは周囲の建築と競い合うかのような、無限の拡大再生産を指向した近代資本主義の申し子のような建築です。過去の建築文化を尊重したエンパイアステートビルなどはそれでも一個の建築としての佇まいを重視しました。

　しかしアールデコの時代も過ぎ近代化が進行するにつれて経済性や効率や技術がより重視され装飾的な要素は次第にそぎ落とされていきます。そのような状況の中でRBTAは超高層ビルに一個の建築としての美しさを取り戻すべく、いくつかの典型（モデル）を創りました。その一つが古典的な建築言語と近代建築を融合させたモダンクラシック・スタイルです。

　もう一つは、サッシュと硝子の支持技術を工夫することで硝子面の美しさを強調し、周囲の建築や空が美しく映って、建築の存在感を軽くしたフューチャーモダン。そしてもう一つは、数理的な整合性を駆使して、増殖する一個の有機体のような生命性を感じさせる、モダンクラシックとアールデコに、どこかオーガニックな要素を加味したスタイルです。

シカゴ川に面した 77 WEST WACKER DRIVE。摩天楼の伝統を受け継ぎつつ、大理石による古典的な寸法比率と硝子面の美しさを融合させ、摩天楼の新たなモデルとしてのモダンクラシックスタイルを創出した。シカゴのビジネス街を象徴する摩天楼の一つとなった。エントランスロビーには、グリーンに加えてタピエスの絵やハビエル・コルベロの彫刻がある。

シカゴの中心部の、DEARBORN CENTER。スチールグリッド構造を採用して各フロアーの自由なレイアウトが可能なオープンプランを実現している。なお合衆国の摩天楼で重要なのは金融資産価値で、美しさや合理性は結果的に極めて重要な意味を持つ。

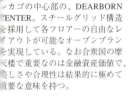
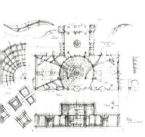
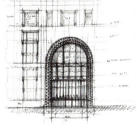

上海の再開発地に建つ SHANG XIAN FANG REDEVELOPMENT。このプロジェクトではピーター・ホジキンソンと共に、長年RBTAボフィルのパートナーアーキテクトを務めるジャン-ピエール・ルニョーが、得意の数理学を駆使して複雑な建築に美しい多様性と整合性をもたらしている。

RBTAの作品を通して　建築的時空間

101

4-8
バルセロナ国際空港 T-1、T-2 に見る
都市を象徴する玄関としての空港の創造
Creation of the AIRPORT as the symbolic Entrance of the CITY

遠く離れた都市へ行く時
たとえば日本から外国に向けて旅立った人を
目指した国や都市が最初に迎え入れてくれる場所が空港です。
つまり空港は
その国や都市に対する第一印象を与える建築です。
バルセロナ国際空港はバルセロナと AENA（スペイン空港運営会社）が
1992年のオリンピックに向けて
来訪者が増大することを見こして新空港の建設を決定し
設計を RBTA に依頼した一大プロジェクトです。
それに応えて RBTA が創った『バルセロナ国際空港』は
それまでの空港の概念を一新し
バルセロナのイメージアップに貢献しました。
空港はオリンピックを契機に文化の時代である21世紀に向けて
文化都市、観光都市への大転換を目指していた
バルセロナ県と市の方向性とも合致して
当初の予想を遙かに超えて
利用客や乗り入れ航空会社が飛躍的に増大したため
新たに３倍の規模の新たな空港を建設することが計画され
新国際空港は2010年に完成して T-1（ターミナル１）と名付けられ
バルセロナ国際空港は T-2 と呼ばれることになりました。
本項ではこの２つの空港をとおして
空港という建築空間とそのありようについて考えます。

T2のコンセプト・ドローイング。直線の長い通路は、バルセロナのラス・ランブラス通りをモチーフにしている。

T-1、T-2における重要事項の把握と創造的解析
Understanding Important Matters and Creative Analysis for T-1&2

　航空機は機関車や自動車と共に近代を代表する文明の象徴であって、世界の様相を一変させた移動機械です。近代国家のメカニズムは大量生産、大量消費、そしてそれを可能にする人や物資の大量輸送によって稼働してきました。世界中に鉄道網や自動車専用高速道路が張り巡らされ、やがて巨大な飛行機が世界の空を飛び回るようになりました。

　鉄の塊である機関車が汽笛を鳴らし煙を出して力強く走り、あたかも未来に向けて時代を牽引するかのようであった鉄道は、いかにも近代の幕開けを感じさせましたので、駅舎、とりわけ国際列車の発着駅には、同じく近代の象徴である鉄骨を用いた意匠を凝らした建築が創られ、豪華列車の内部にも趣向が凝らされました。

　当初は馬無し馬車と呼ばれ、基本的にプライベート空間である自動車も革張りのシートを用いるなど、車体のデザインや運転を快適にするための快適性が求められましたが、高速道路の登場によって、やがて出発点から目的地までできるだけ早く行くという目的がより重視されるようになっていきました。この傾向は航空機輸送においても同じです。

　もともとハイレベルのテクノロジーを凝縮させ機体に多くの命を乗せて飛ぶ飛行機は、騒音が大きく、広大な離発着スペースを必要とし、安全のための整備やセキュリティ、人と荷物が通るルートを分けることや、大勢の人々の搭乗手続きや出入国審査などが必要です。空港ではこうした無数の要素を機能的に満足させることが何よりも優先されてきました。

　そのため空港はどこも、どちらかといえば閉鎖的で無機質で威圧的で、ショップやラウンジなどの特別な場所を除いては、空港を通過する人の快適性や建築空間の美しさなどは、なかば度外視されてきました。こうした状況を踏まえてRBTAは、バルセロナ国際空港を設計するにあたって、空港というものの意味や役割を根底から捉え直すことにしました。

バルセロナオリンピックの一年前、1991年に開港したバルセロナ国際空港（現在のT-2）。
床から天井までの壁面がダブルスキンの硝子壁で、低い部分が透明、上層部はわずかに色がついている。

T-2 の3倍の規模の T-1。

TERMINAL 2 におけるヴィジョンとコンセプト
Vision and Concept for T-2

　空港は、基本的に市内から遠いところにあることもあって、ともすれば街とは別の、空港という特殊機能を持つ施設としてつくられてきました。しかし、遠くから長時間狭い機内に閉じこめられてバルセロナを目指してきた人がバルセロナに対する印象を最初に受け取る場所、そして去る時に名残を惜しむ場所は、実は空港にほかなりません。

　だから空港は、何よりもまず魅力的でなければなりません。そして空港の機能を満たすための必要要素としてあるメカニカルな部分は、個々の働きを解析し合理的なロジスティックスを導入して最も効率の良い動線を見いだした上で、それを建築に内蔵し、あまり人の目に触れないようにする工夫がなされる必要があります。

　また空港は、利用する人々のための空間でなければなりません。つまり窮屈な思いをして来た人たちの心身を開放し、緊張感を感じがちな人々に安心感を与えるとともに、大型飛行機や大きな機材などがもたらす圧迫感や威圧感をなくす工夫がされる必要があります。そこで RBTA は、まずは高い天井、広い通路といった大きなスケールを導入しました。

　そして天井と屋根とをトラスを用いて一体化させた箱状の部分を４本の神殿の柱のような大きな柱で支え、壁面全体を２層硝子（ダブルスキン）にして、大きなスケールの解放感溢れる内部から外を見れば、ジャンボ機でさえ、まるでおもちゃのように小さく可愛く見えるようにし、逆に通路の売店などはむしろ寸法の小さいヒューマンスケールにしました。

　さらに空港は都市の玄関であり、バルセロナ空港にはスペインらしさとバルセロナ的な何かが必要だと考えた RBTA は、空港の床にスペインの大地を感じさせる赤茶色の大理石（トラバーチン）を敷き詰め、出入国メインロビーには南国の香り漂う巨大なナツメヤシの木を植え、長い通路をバルセロナのラス・ランブラス通りと同じく小さな店が点在する街路のようにしました。

4本のナツメヤシに囲まれた広場のような空間を持つ、屋根と一体になった天井を
4本の巨大な柱だけで支える構造になっているメイン出入国ロビー。
右側の柱がこの大空間を支える4本の柱のうちの一本。

こじんまりとしたショップが点在するゆったりとした通路。
これはバルセロナのラス・ランブラス通りと共通する要素。
床には全面的に赤褐色の大理石（トラバーチン）が敷き詰められている。

T-2におけるマスタープラン
Master Plan for T-2

　T-2は、建築面積が10万m²にも及ぶ大建築です。大規模空間創造を多く手がけてきたRBTAは、規模が大きければ大きいほど、動線はシンプルでなければならないことを熟知しています。RBTAはここでも、彼等が大規模な建築空間を創造する際に多く用いる、直線のメイン動線と、それに付随する方形のブロックとの組み合わせを用いています。

　滑走路側には旅客の乗降のためのボーディングブリッジを6本備えた三角形のウェイティングスペースが4ヶ所あり、そこから出た旅客は、直線のメイン通路を通って出口に向かいます。途中には比較的小さなヒューマンスケールのショップが並んでいます。荷物を受け取ってドアを出れば、そこには巨大なナツメヤシの木がそびえる開放的な大空間があります。

　メインロビーの天井は、その存在が意識されないほどの高さがあり、屋根と一体となった設備を内蔵した箱のようになっています。それを巨大な4本の柱で支える構造になっているうえに、壁面が2枚の硝子面をステンレスのパイプの構造体と一体化させたダブルスキン構造で、それが天井の上にまで立ち上がっているので、全く閉鎖感や威圧感がありません。

　ダブルスキンによる独立した硝子の箱のような硝子壁は、ロビーだけではなくメイン通路などにも全面的に用いられていて、屋根と一体になった天井を少ない本数の柱で支える構造もロビーと同じです。ダブルスキン壁は断熱や防音効果が高いので、天井の高さと相まって屋内は静かで、大空間であるため空調も体に優しく密閉感や息苦しさを感じさせません。

　安定感のある柱や高い天井などの大きなスケールとヒューマンスケールを混在させるマルチスケールという空間構成方法は、ローマなどの広場を構成する古典的建築が、外部に向けた都市的スケールと内部に住む人のことを考えたスケールとを併用していることにヒントを得ていて、RBTAは数理的な解析を加えたこの方法を大規模建築に導入しています。

滑走路側から見たT-2。
左右の三角形の張り出しは、飛行機から降りた人たちを迎え入れる場所であり搭乗する人たちのためのウエイティングスペース。

三角形の搭乗ウエイティングスペース。ここにも柱は一本しかなく、壁がガラスなので明るく開放感がある。

メイン通路の出口と反対側の端。メイン通路は最小限の本数のクラシカルな円柱で屋根を支える構造になっている。また建築を構成するスケールが大きいので、硝子壁の外の飛行機が小さく感じられるが、それは飛行場を大きな飛行機のための場所ではなく、人間的な場所にしたいというボフィルのコンセプトの表れ。

RBTAの作品を通して

109　バルセロナ国際空港

T-1におけるヴィジョンとコンセプト
Vision and Concept for T-1

　2010年に開港し、すぐにベスト南ヨーロッパ空港に選ばれたバルセロナ・エルプラッツ空港 T-1 は、建築面積が30万m²もあるヨーロッパ有数の大空港で、ピーク時には1時間に90便の離発着がある最も利用密度の高い空港の一つ。T-2に比べて遙かに大きいため、この空港はバルセロナの玄関の役割を持つ新たなサテライトタウンのようです。

　空港内には51の店舗、30のバルやレストランやラウンジやビジネスルームはもちろん、ヘアサロンやフィットネスセンターやスパや礼拝堂などがあり、機能的にも一つの街のようです。T-2がバルセロナのシンボルであるラス・ランブラス通りと広場的な空間を連想させるのに対し、T-1のコンセプトはバルセロナの未来に向けたモデルタウンの創造です。

　緩やかな曲面を持つ天井は T-2 よりもさらに高く淡く透き通った光が溢れ、天井というよりむしろ空に近い感覚を覚えるような表現になっています。天井は T-2 と同じく屋根と一体となっていて、たった一つの巨大な屋根が空港全体をおおう構造になっていますが、内部から見れば重量感を感じさせず、まるで浮いているかのように見えます。

　つまりT-1は、工法を工夫することで得た高い天井高を持つ人工の空の下の街であって、本来街がそうであるように、あらゆる人々を対象とした、大きな店や小さな店が明快な動線でつながり合う、極めて有機的な発展性に富む未来的な街を、スペインのあらゆる優れた企業が協働して創りあげるというのがこのプロジェクトにおけるヴィジョンでした。

　上空から見ればジェット機のジェラルミンの機体のような形状をしている空港の屋根には、環境に極力負荷を与えないよう大量のソーラーパネルが設置されていて空調などに必要な電力の多くをまかなっています。2016年にすでに約3500万人の利用者があったこの空港は、建築の構造体をふくめメカニカルな要素の存在を感じさせません。

天井が高く全体に透明感のあるT1のチェックインロビー。

T1の屋根もT2と同じく屋根と天井とが一体となった1枚の巨大な構造体になっているが、透明感に溢れていて重量感は全く感じられない。

T-1におけるマスタープラン
Master Plan for T-1

　極めて複雑な多機能空間である空港は全てがロジカルにつながりあっているる必要がありますけれども、利用客にはそのメカニカルな面を極力感じさせないようにすることが大切です。また世界中から多様な人々がそれぞれの目的と共にやってくる国際空港においては、誰もが一人の人間であって、そのような人々を分け隔てなく受け入れることが重要です。

　バックヤードを見せないと同時に、空港そのものに目障りなものがなく、あらゆる人々を優しく受け入れ、その人たちが大きな空港の中で迷って不安を感じたりしないようにしなければなりません。そこでT-1では、建築そのものの特徴的な気配はむしろ抑えて、地球の上ならどこにもある光がすべてを優しく包み込んでいるような空間にしています。

　もちろん動線も極めて重要です。さまざまな国から来た人たちが、たとえ言葉やサインがよく分からなかったとしても、行く先が自然に感じ取れ、ほとんど無意識のうちに、出口につながる広場のような場所に、迷うことなくたどりつけることが重要です。したがってここでもそのような空間構成(マスタープラン)を創りだしています。

　そして広場と一体になった、大小さまざまな世界的なブランドショップと、スペインやバルセロナならではの特徴のあるショップなどが有機的に混ざり合う街のような広場的な、何か良いことや楽しいことと出会えるような感じがする、にぎわいとときめきと寛ぎが何気なく溶け合った空間。すべてを受け入れながら同時に個性を際立たせてくれる空間。

　すでに地球上の人間社会は、経済も文化も政治も、すべてが連動する新たな時代を迎えています。無数の人種、文化、宗教、そしてたった一つの地球。それらが平和のうちに互いを尊重し合いながら多様性と個性を豊かに育む社会。空港はそんな社会の一つの縮図です。T-1でRBTAが目指したのは、そんな時代の国際空港の一つのモデルでした。

大きなスケールとヒューマンスケールを組み合わせたメイン通路。動く歩道などもあるが、照明器具と同じように空調や音響などの設備機器は極力目立たないようになっている。写真の突き当たりにあるのが、通路の終着点の広場。

メイン通路の端は広場に接している。

出入国通路に接した広場には多くの店舗があり街的な場所になっている。

上：滑走路の方から見た空港の側面。このようなボーディングブリッジ（乗降口）がメイン通路の両サイドにそれぞれ10本づつあり、さらに広場部分の外郭に24本のブリッジがある。

下：空港に隣接した駐車場棟の壁面。

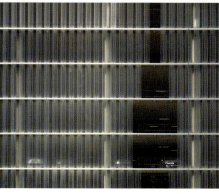

4-9
BNP BANQUE PARIBAS に見る
街の再生とモニュメンタル生活空間の創造
Regeneration of the City and Creation of a Monumental Architectural Living Space

ローマは一日にして成らず、という言葉があるように
都市の現在的なありようは
長いあいだに渡って受け継がれてきた人々の営みの結果です。
遠い昔に創られた建築も、あるものは残り、あるものは壊されます。
地域の文化と一体となって当たり前のように続けられてきた営みもあれば
いつのまにか無くなってしまった営みや
時代の風と共にやってきて新たな活気と共に根付いた営みもあります。
無数の出来事があり、あるものは忘れ去られ
あるものは語り継がれて今に残り、なかには
記憶を留めるために建設される記念碑的建築(モニュメント)などもあります。
それは多くの場合、戦争に勝利した記念であったり
地域の偉人の功績を讃える博物館であったりしました。
なかには定期的に開かれる市場や年に一度のお祭りのように
建築のような確かな形は持たなくても
その都市になくてはならない何かとして人々に愛され
同じ場所で、同じ時期に催されて人々を楽しませる営みもあります。
さまざまな人がいて、いろいろな仕事があり遊びがあり
古いこと新しいこと、無数の日々の営みがあって
都市の多様性と現在的なありよう、そしてその都市ならではの
美しい営みや建築や街並みをつくりだしています。
大切なことは、そのすべてが美しいわけではないということです。
それはパリのような美しい街であっても同じです。
本項では、オペラ座に近いパリの中心部の
上品なブランドショップなども並ぶ瀟洒な街区の一角
かつては花市場があった広場を陰気な駐車場と警察署が塞いでいた
全くパリらしくない場所を蘇らせたプロジェクトを通して
都市の中のネガティブな部分をポジティブなものへと変え
街区を美しく再生し、そこに新たな営みを根付かせることにおいて
建築空間が果たし得る働きについて考えます。

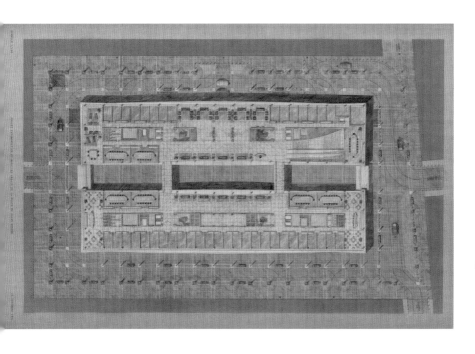

BNP BANQUE PARIBASのマスタープラン。建築の外部と接する面が全てガラス壁になっている。パサージュ部分にある□本の橋は空中回廊で地上部分は舗道。この部分にはもともと駐車場ビルが存在していたので、その既存の需要を満足さ□るために地下に巨大な駐車場を設置してあり、そこへ入るアクセスなども描かれている。

BNP BANQUE PARIBASにおける重要事項の把握と創造的解析
Understanding Important Matters and Creative Analysis in BNP BANQUE PARIBAS

　この建築のあるサントノーレ広場は、数奇な歴史を辿って現在に至っています。16世紀にフィレンツェのメディチ家のトスカーナ大公だったフランチェスコ1世の娘で、フランス王アンリ4世に嫁ぎルイ13世の母となったマリー・ド・メディシスはこの地に修道院をつくりますが、修道院はやがてフランス革命時にジャコバン党によって占拠されます。

　過激だったことで知られるジャコバン党は国民公会の議場の左翼に王侯派と敵対して陣取り、それが右翼左翼の語源となります。演説の得意な理論派のロベスピエールは党首として対抗勢力を圧倒して独裁化し、後にテロの語源となる恐怖政治(テロリズム)を行ったため、革命歴第2年（1794年）に通称テルミドールのクーデターが起きて処刑されます。

　その後、彼らの拠点であった修道院は解体されてこの場所は広場となり、市場とそのための建物が建てられますが、1950年代になると高度成長によって増加した自動車の駐車場を確保するために、建物を含めて市場は撤去され、そこに大きな駐車場と警察署のための、やがてパリの恥と呼ばれることになる醜い建物が建てられました。

　問題は、東京でもオリンピックの時に江戸時代からあった水路を高速道路化したように、ここでも、オペラ座やオペラ通りからすぐの、しかもフランスにとってきわめて重要な歴史的な場所であり、オペラ通りと高級ブティックなどが建ち並ぶサントノーレ通りやチュィルリー庭園をつなぐ街路の真ん中にある広場を安易にも駐車場にしてしまったことでした。

　これを見かねたRBTAはパリ市に対し、ロケーションを活かして、ここを市民や観光客に愛される場所にするためのシンボリックな建築を創ることを提案しました。その案を見たパリバ銀行グループの会長が、その案を丸ごと受け入れることを決意したために、この硝子に包まれた建築には、パリバ銀行本部と警察署が入ることになりました。

周りの景色が映り込むやわらかな硝子の壁面を持つ、華やかでモニュメンタルでありながら同時に、気配をひそめた控えめな神殿のような建築。

この建築が出現した途端、それまで駐車場の利用者を除いて人々から無視されていたこの場所にたちまちレストランなどが次々にオープンし、今風の店も集まってきて、瞬く間にパリでも最も人気のある場所の一つへと変貌した。

BNP BANQUE PARIBASにおけるヴィジョンとコンセプト
Vision and Concept for BNP BANQUE PARIBAS

　このプロジェクトは、RBTAがパリ市に提案したプロジェクトであり、この建築にパリバ銀行グループが入ることはプランを創った段階では決まっておらず、この計画が実現するにはいくつかの難題がありました。まず既に存在している警察署と駐車場を内包する必要があり、さらに土地はパリ市が提供してくれたとしても建設費の問題がありました。

　これらのハードルをクリアするためには、夢のある斬新でしなやかな、人々を魅了するヴィジョンとコンセプトとマスタープランが必要でした。そこでRBTAは、まず広場の概念を現実的には反転させつつも、人々が出会いくつろぐ場である広場の役割を果たす案、すなわち通常は建築物の無い広場に美しいモニュメンタルな建築を創ることにしました。

　それ自体が現代の神殿のようなフォルムを持ち、外装を全面的にガラス張りにして存在感を希薄にすると同時に周囲の建築を美しく映し、場所によって異なる景色の映り込みによって、周囲を歩く人やカフェなどの人々の目を楽しませるようにしたうえで、建築の中にパサージュを設けて分断されていたマルシェ・サントノーレ通りをつなげました。

　この案を気に入ったパリバ銀行グループの会長が、そこに自分たちが入ることを申し出たことによって建設費が確保され、地下に駐車場を持つ硝子の神殿には警察署と銀行が入ることになりましたが、竣工後、瞬く間に周囲にレストランができ、数奇な歴史的物語を持つこの広場と建築は、パリの新たな名所となりました。

　観光客の多くは都市の歴史的なモニュメントを、つまりは建築を見に来ます。そういう意味ではこの建築は、周りに多くの人々が集まってきてその存在を楽しむ広場的な場所となったと同時に、その内部で多くの人々が日々の仕事を行い、建築の中を人々が行き交う、人々の日々の営みと一体となった、生きた都市的モニュメントとなりました。

かつては駐車場建築によって分断されて迂回を余儀なくされていたマルシェ・サントノーレ通りを市民が自然に直進できるようになった。

現在はジャコバンパサージュと呼ばれている建築の内部に設けられたパサージュ。左右の建築空間は渡橋によってつながっている。

BNP BANQUE PARIBASにおけるマスタープラン
Master Plan for BNP BANQUE PARIBAS

　パリの中心部の高級街区にありながら、醜い立体駐車場と警察署が存在し、しかもフランス革命を語るに不可欠な場所でありながら人々の記憶から喪われ、全く人気がなかったこの場所を新たな名所にしたこの建築のマスタープランはきわめて明快です。まず道路面から建築の硝子・屋根まで吹き抜けとなったパサージュが基軸です。

　その両側に一対の7層の建築があり、2つの建築は空中回廊でつながっています。建築の外壁面はすべてダブルスキンの硝子でおおわれ、パサージュからも広場からもこの建築がまるで硝子でできているかのように見えますが、それは建築の内部の細長いコアを建築を支える構造体とすることで実現されています。

　内部に銀行と警察署があるために硝子は強固で、特に警察署の部分は、機関銃の弾さえ貫通しないようになっていますが、そうした機能や頑丈さは外からは感じられず、瀟洒な建築が立ち並ぶ周りを美しく柔らかく映すような工夫がされているので、硝子面に映る景色の揺らぎもあって、壁面はまるでフィルムの膜のように見えます。

　地下には5層の巨大な駐車場があり、このプロジェクトは結果的に、パリの中心の高級街区の歴史的な場所のネガティブな要素を一掃して、そこをパリにふさわしい美しく人気のある場所にするという目的を、難題を解決したうえで達成したことになります。ちなみに人は一般に目の前にあるものの向こうに、そうではない何かを見ることが苦手です。

　しかし建築空間創造者にとってはそれが仕事です。また評判になることを見越してRBTAの案を買ったパリバの会長も経営者として見事です。企業であれ自治体であれ、責任者の使命は先を見通すことにあるからです。しかもパリバは建設を決意した時点で当時非常に安かった周辺のビルの営業権を買い占め、後にそれを売って資金の一部にあてました。

パサージュの両サイドのオフィスをつなぐ空中回廊

周囲の歴史的な建築を美しく映し込み、どこか映像的な雰囲気が漂う。
Photo by Inaba Koji

4-10
東京銀座資生堂ビルに見る
企業と街の未来のためのモデル創造
Creation of a Model for the Future of the City in the TOKYO-GINZA-SHISEIDO-BUILDING

資生堂は1872年（明治5年）洋風調剤薬局として銀座で創業し
1897年に高級化粧水『オイデルミン』を発売して以来
美と美に対する憧れに寄与することを企業ミッションとし
西洋の良さと日本の良さを融合させた独自の路線を展開して
日本を代表する世界的な企業の一つとなりました。
世界的な日本企業の多くが自動車や家電などの生産会社であるなかで
資生堂は美や文化や時代や社会と共に歩むことを重視し
人々の美意識を牽引することで成長してきた稀有な企業です。
このプロジェクトは資生堂が21世紀を迎えるにあたって
資生堂の過去と未来そして創業の地である銀座の過去と未来を見つめて
自らの美意識と価値観を体現する建築を創るプロジェクトでした。
筆者は資生堂の依頼を受けて
資生堂のパートナーとして特別設計チームを編成し
総合ディレクターとしてチームを率いるかたちでそれに協力しました。
特別設計チームには構造や照明や音響やマネージメントや植栽など
様々な分野から世界の第一線で活躍するアーティストを集め
R・ボフィルと彼のパートナーであるJ-P・カルニョーとRBTAには
マスターアーキテクトとして
特別設計チームに参加してもらう形でプロジェクトを進めました。
またプロジェクトが始まってすぐ
銀座地区における機能更新促進型規制緩和として
新たに建築を建てる際の基準が制定されることになったため
チームは銀座の未来に寄与する基準創りにも協力し
結果的に本建築がその適用第1号建築となり
このプロジェクトにおいて追求したことをもとに
銀座地区の公の基準が導入されることになりました。
本項では竣工後、東京銀座資生堂ビルと名付けられた
近代建築の先を目指した建築的時空間創造プロジェクトをとおして
企業と建築、建築と街区の未来との関係などについて考えます。

友の姿にも留意して創られた東京銀座資生堂ビル。なお日本のビルの多くは屋上への配慮に乏しく、冷暖房の室外機が無神経に置かれていたりするが、このプロジェクトでは東西南北の面に加えて空に向かう屋上面を第5のファザードと考えて設計した。11階の天井に設けられた天窓(トップライト)の明かりが見える。Photo by The Asahi Shimbun Company

東京銀座資生堂ビルにおける重要事項の把握と創造的解析
Understanding Important Matters and Creative Analysis in the TOKYO-GINZA-SHISEIDO-BUILDING

　銀座は資生堂にとってのふるさとです。ここで薬局として創業し、すぐに西洋の生活文化と独自の美意識を融合させた香水や化粧品を創り始めたばかりではなく、1902年にはソーダファウンテンやアイスクリームなど海外の華やかな暮らしと密着した食品を、この建築が建つ場所で販売し、それを『資生堂パーラー』に発展させました。

　また資生堂は現存する日本最古の画廊『資生堂ギャラリー』を創設し、さらに化粧品を発売と同時に全国に行き渡らせるためのチェインストア・ネットワークも構築しました。つまり銀座八丁目のこの場所には、文明開化の時期から日本と海外文化をいち早くつなぐ接点であった銀座と共に育った企業である資生堂の営みの記憶が積み重ねられてきています。

　資生堂は最初から自らを単なる化粧品会社とはとらえておらず、日本の伝統や文化に立脚しつつも世界の新たな美を取り入れ融合させた美意識を化粧品やそれを包む容器やパッケージやポスターなどに反映させるばかりではなく、独自の洋食や洋菓子やさまざまなアートなど、質の高い生活文化の普及に寄与することを命題(ミッション)とする社会的企業です。

　『花椿』という美や文化にまつわることを総合的に紹介する総合文化誌を発行し続け、また多くの文化活動を支援しています。10代目社長の福原義春氏はメセナ協会を立ち上げたりしました。したがってこのプロジェクトでは、なによりもまず西洋と日本、伝統と革新、記憶と未来などに現在的な豊かさなどを融合させた独自の美意識の表明が必要でした。

　つまりこの建築においては、その表明としての個性的な美しさを持つと共に、銀座の街並の美しさに対しても大きく寄与し、それを未来に向けて牽引する存在となる必要がありました。しかも自社の化粧品販売のためではなく、資生堂の文化的な営みの最良の部分をこの場所で実践すると共に、この場所を文化の受信・発信の場とする意図がありました。

Photo by Shiseido

銀座地区における機能更新促進型規制緩和適用第１号建築となった東京銀座資生堂ビル。右側に見える建築はザ・ギンザのあった高度制限が規制緩和以前の31メートルの条件下の建築（現在は建て替えられている）。本建築建設プロジェクトの設計の最中に、容積率が800％から1100％に緩和されたが、当初導入が予定されていた高度等の条件では、その分フロア数を増やせば天井高など、空間の豊かさが圧迫を受ける恐れがあったため、より豊かな空間環境が求められる未来に向けて、高度を含め銀座地区において将来を見据えて理想的と考えられる空間性を持つ、銀座地区全体のモデルとなりうる建築条件を模索し、それに基づいて設計した。その結果、この建築において探究した諸条件の理念と現実性が認められて、高度や壁面後退など様々な点に関して、最終的にこの建築で提案した諸条件が制定基準のベースとなった。現在の銀座地区の中央通りの建築は、その基準に基づいて建設されていて、上掲の航空写真の中の東京銀座資生堂ビルの右側に見えるダークグリーンの建築は、その基準を踏まえて２番目に建設された建築。なお東京銀座資生堂ビルでは以前の高度制限を考慮し10階11階部分の硝子面を大きくして圧迫感を減じる工夫がされている。

東京銀座資生堂ビルにおけるヴィジョン
Vision for the TOKYO-GINZA-SHISEIDO-BUILDING

　人間は美を好み、美に対する憧れを心に秘めた不思議な存在です。そしてそのことが人間の文化を生みだす原資となってきました。美は戦争の対極にあるものであり、文化は平和の中で育まれます。資生堂はそのことを熟知しています。筆者は福原義春氏に初めて会った際「資生堂に関して最も誇りに感じておられることは何ですか」と訊ねました。

　対して福原氏（当時社長、その後会長、ビル竣工の翌日に会長を勇退して名誉会長）は即座に「それは非常時においても権力に加担せずギャラリーなどを介して多くの文化人を擁護したことです」と答えられました。そのような人からの資生堂の未来に関わる建築空間創造の依頼に対しては、特別なチームを組み、特別なプロセスを踏む必要がありました。

　考えうる最良の建築を生み出すべく、資生堂の歴史や企業文化、銀座の歴史と資生堂との関係や資生堂が大切にしていることなどを理解し、優先事項をトップと共有した後、それをチームで共有するためのヴィジョナリーブック（絵本）を作成し、それを具現しうる世界的スペシャリストによる特別チームを編成しRBTAにも参加を依頼しました。

　ヴィジョナリーブックにはさまざまな観点からのヴィジョンを掲げましたが、なかで最も抽象的なものは「天使になりたい人と、人になりたい天使とが出会う場所を創る」というポエティックなものでした。美や化粧は、普段の自分よりほんの少し高いところのある憧れと通じ合う何かであり、いまだ目に見えない美も現実化を待っているからです。

　また福原氏からは「50年経った時、あの時代にあの場所で資生堂があのような建築を創ったのは良かったと人々から言われるような建築を」と言われました。つまり50年先100年先を見据えて銀座の未来に結果的に寄与するものを独自の方法で創りなさいということです。これが資生堂から提示されたほとんど唯一かつ重要な設計与件(ヴィジョン)でした。

谷口江里也による
リーディングヴィジョン

銀座地区の空間利用に関する
リーディングヴィジョン

建築空間創造に関する
リーディングヴィジョン

リカルド・ボフィルが最初に書いた空間コンセプトスケッチ。対角線を効果的に用いるコンセプトや31m以上の高さに硝子面を多くすることなどがすでに表現されている。

ャン-ピエール・カニョーによる黄金を駆使した空間＆ファサード設計。くその通りにできがっていることがく分かる。

東京銀座資生堂ビルにおけるコンセプトとマスタープラン −1
Concepts and Master Plan-1 for the TOKYO-GINZA-SHISEIDO-BUILDING

　世界中でその地の文化や歴史を重視する建築を創り、日本文化と資生堂に敬意を抱いていたRBTAとそのリーダーであるボフィルとカルニョーは、ただちにプロジェクトの背景やヴィジョンを理解し、ボフィルは彼らにとっては小さな規模のこの建築を『Una Obra de ARTE』すなわち街の中の宝石のような一個の芸術作品とするという目標を掲げました。

　そのためにカルニョーは、多様な機能を持つこの建築に、厳密な黄金比を導入し、全体のプロポーションや窓などの配置はもちろん、階高やGRC（グラスファイバープレキャストコンクリート）パネルや細部の部材にいたるまで、厳密かつ複雑な黄金比を駆使して、きわめてロジカルでありながら誰の目にも美しく映る建築をデザインしました。

　そこには、銀座地区の機能更新促進型規制緩和の適用第1号建築となるこの建築が銀座の未来への道を指し示す灯台の役割を果たすよう、この機会に、比較的小さな敷地を持つ銀座地区に建てられる建築の空間を、天井高なども含めてより豊かなものにできるよう、定められる容積率の範囲内で理想的な条件を持つモデルを創造する意思が働いていました。

　しかし当初想定された条件は、壁面後退や駐車場設置義務など、どちらかといえば、低層密集地の再開発によく用いられる、小さな敷地をまとめて大きくして、そこに大きな建築を建てることを促進するものであり、それを導入した場合は、銀座地区の多くの商業主にとって重要な一階や地下が使えなくなるなど、建替え意欲を減じさせるものでした。

　容積率緩和と同時に導入されようとしていた高度制限も、一般的な建築の天井高を基準にしていて、そのままでは空間が現状より貧しくなりかねないものでした。空間の豊かさは平面的な広さだけではなく天井高と大きく関係するからです。幸い、度重なる意見交換の結果、資生堂とチームの論理は受け入れられ、本建築が条件設定のモデル建築となりました。

129　東京銀座資生堂ビル

RBTAの作品を通して

ファサードのマスタープラン。通常のパースのようなものではなく、一枚の絵画のように、それを見ただけで、何を目指しているかが誰にも感じ取れるような完成度を持つ絵が必要だという筆者の要望に応えてRBTAが創ったリーディングヴィジョンでもある。外壁面の手づくり感や光のトーンや金の目地の役割なども表現されている。

東京銀座資生堂ビルにおけるコンセプトとマスタープラン −2
Concepts & Master Plan-2 for the TOKYO-GINZA-SHISEIDO-BUILDING

　本建築では資生堂の想いや展望の大きさに比して敷地が狭いという現実のなかで、美しく豊かな空間を実現するための、さまざまな空間コンセプトを創りました。構造体を床や壁面の中に納めて空間の中に柱や梁が出ないようにすることや、方形の敷地の中で最大限の視線を確保する対角線の活用、そして圧迫感を感じさせないよう天井を高くしました。

　またこの建築には用途の違う空間が混在します。しかし、多くの都市建築にあるようにフロアごとに、個々に用途を対応させてレイアウトしては、一個の建築としての調和のある空間を実現することはできないため、地下のギャラリーから最上階まで基本的に同じレイアウトの空間を、天井高やスタッコ壁の色を変えて繰り返す方法をとっています。

　天井高が6mある一階のプラザと3階のカフェの壁と天井は外壁と同じような赤茶色、4階5階の吹き抜けのある資生堂パーラーはオークル、8階9階のゲストルームとイベントルームはベージュ、そして10階11階のレストランとバーは淡いブルーグリーンのスタッコ仕上げを施し、同色のフロアーを2層続きのデュプレックスにしています。

　いわばこの建築は大地から空へと、縦につながっていますが、同じような構成で表情が異なる空間を2層で1体にして繰り返したのは、それぞれの空間を大きく感じさせたり、どこかの空間を体験した人が別の空間に触れたとき、人間の体は体験した空間の印象を記憶しますから、記憶のなかで空間が自然につながりふくらみが付与されるからです。

　11階の天井のトップライトは全面開口することができ、上空を吹く風や空と直接つながるようになっています。また地下を含めた低層部を銀座の街、中層部を資生堂の伝統、上層部を資生堂のチャレンジのための空間と位置づけました。上層階には大きな硝子面を用いていますが、これは外から見上げたときに圧迫感を減ずるのと上階に解放感を付与するためです。

内部空間に関するイメージ。最終的には、内壁の仕上げはスタッコ（西洋漆喰）で、地下の資生堂ギャラリーは白、一階のプラザと三階のサロンドカフェは外壁と同じような赤褐色、吹き抜けでつながった資生堂パーラーはオークル、10階の文化サロンは白、その下のゲストルームはベージュ、10階と11階のFARO（11階は現在はBAR/S）は淡いホワイトグリーンにしました。

銀座のランドマークの一つとなった東京銀座資生堂ビル。この建築をモデルとした建築基準によって、すでに多くの建築が銀座地区に創られている。

花椿通り側から見た一階部分。中央通り側と合わせて二つのショーウインドウがあり、資生堂のデザイン部が定期的に、季節や発信したいメッセージに応じて趣向を凝らした空間演出を行っている。

東京銀座資生堂ビルにおける創造的施工監理
Creative Supervising for the TOKYO-GINZA-SHISEIDO-BUILDING

　このプロジェクトでは外壁や内部の照明器具や手すりやエレベーターや家具などを含め、多くの部分にこの建築のためだけに創られたものが用いられています。たとえば赤茶のスタッコに見える外壁は、この建築のために新たに開発した工法によってできています。したがって工事が始まってからの施工管理なども綿密に行われる必要がありました。

　一般に近代建築の外壁には硝子や石板やアルミパネルなどが多く用いられます。しかしここではそうではないものが求められました。資生堂は当時、サクセスフルエイジングというコポーレートフィロソフィを掲げていて、そのためそれを体現する、歳月を経て緩やかに変化（エイジング）しながらも耐久性能の良い、しかも手作り感のある仕上げを開発しました。

　当初ベネチアンスタッコを用いる予定でしたが、試してみると東京では酸性雨が降ることが多いため使えず、筆者と施工会社と外壁工事を請け負った職人たちとで、特別な材料をGRCパネルに職人がコテを用いて漆と同じようにいくつかの色を塗り重ねて仕上げるアダマ仕上げと名付けた、極めて耐候性に優れた特別な方法を開発して用いました。

　照明器具も特別にデザインし、夜間の光も建築全体の調和に留意しました。また建築全体を楽器のように見立てて階ごとにコンセプトに合わせて音質を追求し、1階11階には立体音響システムを装備しました。音は空間に広がりや変化を持たせる重要な空間構成要素であり、都会の建築から失われがちな季節感を創りだすことにも役立つからです。

　資生堂が得意とするショーウィンドウも内と外から見える空間的なディスプレイができるようにしました。冷暖房も天井に埋め込んだ体に優しい輻射熱冷暖房を採用しました。構造にも極めてロジカルで斬新な方法を編み出しましたが、こうした最先端のテクノロジーはすべて躯体のなかに納めて人の目には触れないようにしています。

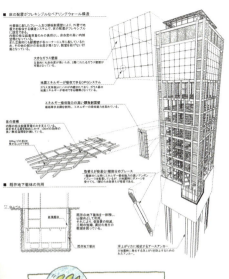

建設中の東京銀座資生堂ビル。完成時の外観に合わせて施工会社の清水建設が赤色の建設中の保護ネットを用いている。なお建設の過程を建設主体の資生堂シティがライブ配信していた。

構造建築家、今川英憲による構造説明パース。特別チームは谷口江里也が総合ディレクション。桜井淑敏と海藤春樹が協働ディレクションを行い、R・ボフィルとJ-P・カルニョーがマスターアーキテクトを担ったほか、照明設計を海藤春樹、音響設計を井出裕昭、インテリア計画を奥山裕が行うなど、施工や監理も含め各ステージで多くの世界的レベルのスペシャリストがチームメンバーとして参加した。

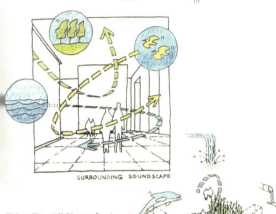

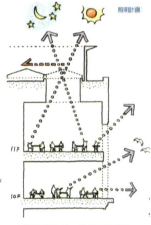

階と11階には特製のスピーカーシステムと連動した立体音響設備が設置されていてさまざまな音環境を演出することができる。そのことを説明するためのコンセプチュアル・スケッチ。

11階の天井は一部が全面開放するようになっている。そのことを説明するためのイメージスケッチ。

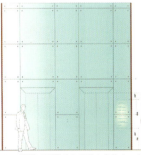

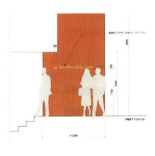

この建築では海藤春樹がこの建築のためにデザインした照明器具が用いられている。photo by Manel Armengol

この建築では器具や家具や金物やエレベーターなども特別にデザインしたものを用いている。またサイン計画も企業イメージを重視して資生堂のデザイン部との綿密な打ち合わせを行ったが、建築的時空間創造は翻訳作業の連続であるため、このプロジェクトでは構想の段階から仕上げに至るまで、目的や価値観や意図を建築主体やチームや施工者と共有するためのコミュニケーションツールを重視した。

東京銀座資生堂ビルにおける時空間運営

Spacio-temporal Manegement of the TOKYO-GINZA-SHISEIDO-BUILDING

　このプロジェクトは設計チームが資生堂のパートナーとして、資生堂の企業文化や歴史や美意識や価値観を理解し、経営戦略的な意図を汲み取ってそれを建築空間化する仕事であり、そのためにこのプロジェクトのためだけの特別設計チームを編成し、そこでは建築空間の設計だけではなく、資生堂やチーム内での意思共有ツールの制作も行いました。

　それと同時に資生堂も、意思決定をシンプルにするために福原会長を筆頭とするトップ経営陣による最終意思決定機関CMC（コンストラクション・マネージメント・キャビネット）を創り、さらに資生堂シティという、この建築の実現を目的とする会社を新たに立ち上げることによって創造的な意思決定が迅速になされる仕組が創られました。

　それと平行して、竣工後の時空間運営においてチームとCMCと資生堂シティとが協議して創り上げたヴィジョンや文化経営戦略が健やかに展開されるよう、空間運営のための特別の部隊も準備されました。つまり空間設計チームは資生堂にとってプロジェクトパートナーであり、重要事項の把握から運営ヴィジョン創造までを協働する存在でした。

　こうしたことをふまえて、東京資生堂銀座ビルと名付けられた建築の開業にあたって福原氏から、ギャラリー、資生堂パーラー、文化サロン、レストランFAROなどの空間運営スタッフに対して「この空間に血を通わせるのが、これからのあなたたちの仕事です」と伝えられ、そこからこの建築の時空間運営が、それぞれの事業経営とともに行われました。

　竣工当時プラザとして用いられていた一階では季節に応じてウィンドーディスプレイがなされ、クリスマスなどにはレストランをはじめ全館でコラボレーションが行われました。また立体音響で時報が流されるプラザでは、しばしばミニコンサートが催され、文化サロンでは毎週文化イベントが行われるなど、この建築の目的に沿った営みが展開されました。

開閉式の天窓のある11階

プロジェクトの目的や意図やチーム体制やプロセスの概要や個々の空間の特徴などをわかりやすく説明した情報共有パネル

カウンター席

11階のレストランFARO

左：さまざまな文化イベントが行われる9階の文化サロン

右：9階と階段でつながっている8階のゲストルーム

上：初代のパーラーの記憶をとどめるために大臣認定を得て創られた吹き抜けでつながっている8、9階の資生堂パーラー。

上：3階のサロン・ド・カフェ

竣工時の資生堂プラザとショーウインドー

地下1階の資生堂ギャラリー。

右：企業文化部が発行したこの建築の意図と資生堂の美意識とオープンから5年間の活動を紹介した本、『MESSAGE FROM GINZA 8-8-3、2001－2005』。なお5年間で、2つの大ウインドー＆小ウインドーの60回の展示がえ、資生堂ギャラリーでの26回の企画展と14回のギャラリートーク、文化サロンでの239回のWORDカルチャークリエイティヴトーク。52回のサクセスフルエイジング文化講座、1階の資生堂プラザでの108回のプラザコンサート、プラザの時報の季節に合わせた60回の更新、が行われた。

RBTAの作品を通して　東京銀座資生堂ビル

4-11
LAZONA KAWASAKI PLAZA に見る
メガポリス再生のためのシンボリック空間の創造
Creation of the Symbolic Architectural Space-Time for the Renaissance of MEGAPOLIS in the LAZONA KAWASAKI PLAZA

LAZONA KAWASAKI PLAZA（ラゾーナ川崎プラザ）は
東芝の前身の東京電気が1908年に堀川工場をつくって以来
2000年まで東芝の重要な拠点であり続けてきた場所を
東芝と川崎市の未来のために再開発するという
東芝にとっての重要な事業によって誕生した
大規模商業文化建築空間です。
この事業のために東芝不動産と三井不動産が行った
7者競合の設計競技（プロポーザル）において
RBTAと山下設計の協働チームの案が採用されたことにより
現在ある姿になりました。
与えられたテーマは大規模商業施設の設計でしたが
RBTAはこの地が日本のものづくりを担ってきた東芝の
営みの記憶が積み重ねられてきた極めて大切な場所であることと
この場所が東京から20kmの東京と横浜の中間の
ＪＲの駅と直結しているロケーションにあることに加えて
世界中の巨大都市（メガポリス）が抱えている課題とまさにダイレクトにつながる
テーマ性を内包していることなどをふまえて
このプロジェクトを
川崎市の生活環境の向上に寄与することと
メガポリス再生の一つのシンボリックな場所の創造
すなわち地域の中心であると同時に
メガポリスにとっても一つの中心としての働きをする場所を
創造するプロジェクトと捉えました。
なお筆者はこのプロジェクトではRBTAのコアメンバー
ならびに山下設計のアドバイザーとして参加しました。

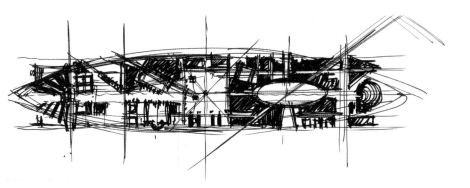

オリジナル案のコンセプトドローイング

LAZONA KAWASAKI PLAZA における重要事項の把握
Understanding Important Matters for the LAZONA KAWASAKI PLAZA

　多くの人々が寄り集まって暮らす都市には、その都市にしかないような魅力があり、同時に、その街に相応しくない何かや、むしろ無い方が良いと思われる何かがあります。人と同じように都市も生きていて、今より良くも悪くもなります。したがって都市的空間の創造においては負の部分を減少させ、良い面を育んだり新たに付与することが重要です。

　人間の活動がそれ以前と比べて飛躍的に活発になった近代では、また自動車であれ建築部材であれ工場生産の規格品が溢れる近代では、多くの都市が次第に均質になってきています。また中央集権的な仕組の中で、産業の振興によって国を富ませることに邁進してきた近代国家の首都は巨大都市（メガポリス）化して、世界中どこでも共通する課題を抱えています。

　それは多くの場合、中心部から同心円を描くように拡大したことによるものです。東京でも鉄道や自動車などの交通網は、東京を中心とする放射線と、山手線や環八などの環状の動線で構成され、中心部の外郭に工場や都市インフラ地帯が設けられましたが、全てが首都に集中することによる首都の膨張は想定を遥かに超えた規模とスピードで進みました。

　それに伴って、首都を取り巻く工場地帯の先に、主に幹線道路や鉄道沿いに住宅地が広がり、それがさらに広がって、周囲の街や都市を呑み込むようにして首都は巨大化します。しかし川崎は2大都市の中間の、しかも国を支える諸工場が林立する京浜工業地帯に位置するために、古い歴史を持ちながらも、次第にメガポリスの中の工場街となりました。

　川崎は高度成長期には公害の街として全国的に知られるようにさえなりますが、国や首都と同じように企業も巨大化し多国籍化したことや、地価の上昇や産業構造の変化などによって、メガポリスの工場地帯や住宅地での空洞化が起き始めます。その地域をどうするかが、世界中のメガポリスが共通して抱える深刻な課題となりました。

JR川崎駅に直結するLAZONA KAWASAKI PLAZA。抜群のロケーションですが建設前の時点では川崎という街のイメージ自体があまり良くなく、しかも人の流れは繁華街のある LAZONA の反対側の川崎駅東口側に集中していたので、当初採算性が危ぶまれていました。しかし川崎は広大な東京メガポリス圏を構成する東京と横浜の中間にありしかも羽田空港からも近いので、場所のポテンシャルは極めて高く、魅力的な空間さえ創ればメガポリスの中の特異な中心地になり得ると判断しました。

駅からの連絡通路をぬけると円形の広場があり大きな視界が広がる。広場ではしばしばフリーコンサートなどが開かれ、その際には建築全体がテラス観客席になる。

全体が大屋根に護られているように感じるLAZONA KAWASAKI PLAZA。広場はグラウンドレベルにあるように見えるが実は建築の2階にあたる。

LAZONA KAWASAKI PLAZA における創造的解析
Creative Analysis for the LAZONA KAWASAKI PLAZA

　巨大な首都圏のなかの住宅地に取り囲まれた工場地帯、かつては近代化を支えた地帯に生じはじめた、どこまでも広がるメガポリスの真ん中の空白地に何を新たに創るべきか。それは極めて今日的な、そしてメガポリスの未来を左右する重要な課題です。東芝工場の跡地はまさにそのような課題への1つの答を創りうる場所だと私たちは考えました。

　東京と横浜という魅力のある都市の間にありながら注目すべきものがあまり無い街。公害という負のイメージが残る中で工業の衰退が進行する街。高級住宅街が広がる多摩川の向こうとは対極的な猥雑な要素に満ちた駅の南側の庶民の街。それに対して巨大な工場があったためにバスステーションくらいしか無い北側と、その背後に広がる低層の住宅街。

　プロジェクト全体をこうしたネガティブなイメージが覆っていました。せめて川崎の負のイメージだけは払拭して欲しい、そして市民に愛される大規模商業施設をつくって欲しい、それが現実的な要望でした。しかし私たちはこの場所のポテンシャルと時代的なテーマを重ね合わせれば、それ以上の空間を創造できると考えました。

　ただ想定されていたのは一般的な大規模商業施設の建設で、設定された建設コストが極めて低いという事情はありましたが、だからこそ逆に、大きなヴィジョンと強靭なコンセプトのもとに、無駄を極力なくして、しかも単なる売り場の寄せ集めになりがちな通常の大規模商業施設の概念を超えた、建築的でシンボリックな空間を創造する必要がありました。

　それが実現できれば、東京と横浜の中間であることや駅に隣接すること、周辺に広がる住宅街や羽田からも近いといった全ての条件が強力にプラスに働き、場所のイメージを一気に高く飛躍させることになるはずだと思われました。そこで川崎とメガポリスのダブルの中心となり得る『大きな天蓋に護られた美しい街と広場』を創ることにしました。

広場から後方の住宅街へと繋がる基軸線。基軸線と交差する複数の動線によって街を構成するのはローマの古典的な都市創造の方法。

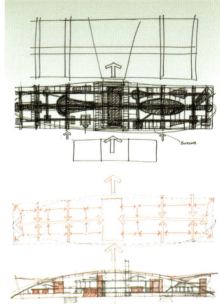

単なる大型商業施設ではなく一つの魅力ある街を創造することによって周囲の住民たちのための中心であると同時に、メガポリスの中の広場を持つ特色のある街を創り出すことを考えました。日本には広場の概念が希薄ですが、街にとって広場は不可欠な要素です。

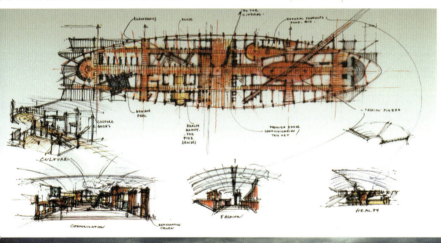

コンセプトを空間化したスケッチ

硝子のドームに覆われた最初の案のマスターエレベーション。現在より、より街的な佇まいを重視していた。

LAZONA KAWASAKI PLAZA におけるヴィジョン
Vision for the LAZONA KAWASAKI PLAZA

　ヴィジョンを構成する１つの要素は、この場所が100年近くもの間、東芝の工場であったということです。つまりこの近くには、直接あるいは間接的に東芝と共に人生を過ごした多くの人々やその家族が住んでいて、その人たちは川崎の負のイメージを気にしながらも、日本の成長を支えた東芝で働いたことに誇りを抱いているはずです。

　工場の跡地に何ができるかを注視しているそんな人たちを含めた、周辺の、近代都市特有のいわゆるベッドタウンに住む百万規模の人々、１つの大都市の人口を持ちながら、都市的機能に乏しい地域に住む人々が喜びを感じられる、自分たちの街の中心的な場所、都市的機能を持った街と彼らのための広場が必要だと思われました。

　それと同時に、メガポリス東京の全体を見渡しても、ここにしかない唯一無二の空間を創りだすことが、この場所を成功させ、そこでの営みに経済的持続性や発展性を持たせるために必要でした。一時的な流行に左右される一般的な商業施設とはちがって、街は長いあいだ持続し人々と共に時を重ねて育っていくことが必要だからです。

　設計競技プロポーザルで建設主体である東芝不動産と三井不動産に対して私たちがマスタープランを発表した時点では、この場所の中心となる街全体を、硝子のドームで包む案でした。これには２つの理由がありました。１つはメガポリス東京だけではなく、日本のどこにも無いシンボル性と美しさと先進性を付与したかったからです。２つ目は経済性でした。

　街全体をガラスでおおい、変化が激しく雨風の多い日本の気候から街を護れば、街を構成する建築の耐候装備は軽微で済みます。空調効率も個別に行うよりは街全体をコントロールする方が遥かに経済的であり自然の換気をうまく利用すれば効率はさらに高まります。つまりこの案は経済性と象徴性と快適性と持続性と美しさを同時に追求した結果でした。

LAZONA KAWASAKI PLAZAの全体像。手前が川崎駅、背後にベッドタウンが広がる。現在は周囲に超高層マンションが林立する人気の場所になった。

夕暮れ時のLAZONA、ショップのパブリックスペースに面する部分の見え方に関しては、それぞれの店がバラバラに個性を競って情報過多になり全体としての調和感を失うことがないよう一定のルールを設けた。

築が半円形の広場を取り巻いている。中央の三角の部分音楽などが行われるステー。オープンしてすぐ広場でフリーコンサートがしばし行われ、時には一万人もの々が集まる。左の通路が川崎駅と直結している。

広場をのぞむベンチでくつろぐ親子。建築によって創り出される広場空間の重要な要素は、人がいてもいなくても人間のための空間としての佇まいが感じられること。

RBTAの作品を通して　LAZONA KAWASAKI PLAZA　メガポリス再生

LAZONA KAWASAKI PLAZA におけるコンセプトとマスタープラン
Concept and Master Plan for the LAZONA KAWASAKI PLAZA

設計競技(プロポーザル)であったため、建設主体にマスタープランを説明する機会は一度しか無く説明の時間も限られていたので、マスタープランに至る重要事項の把握や創造的解析や構築したヴィジョンやコンセプトやその根拠をわかりやすく伝えるために、それらを文章にして、言葉や意味で説明する冊子をつくり、それをプレゼンテーションツールに加えました。

そうしたのは、マスタープランのスケッチや基本設計図面だけですぐに内容を十分に把握することは一般的には難しく、ヴィジュアル資料だけでは印象や好みが判断を左右することもあり、またこうした競技では、案が出そろった段階で、資料をもとに内部で協議しますが、そのときプレゼンテーションの場にいなかった人も加わるからです。

結果的に私たちの案が採用されましたが、その後、建設主体と協議を重ねる中で、街をガラスのドームでおおう案から別の案へと変わりました。しかしそれでも、駅から建築の背後の住宅地に抜ける基軸動線や広場や住宅地側の庭園の確保や、街全体を大きな屋根でおおって街を護り広場を見守るといった基本コンセプトは堅持しました。

駅に直結した、大型商業施設にとっての一等地の部分に大きな広場を設けることや、それを取り巻いて建築を配し、全体に建築としての一体感や調和をもたらすことも、それが街や建築にとって極めて重要であるために堅持し、同じように建築的な観点から、一般に大型商業施設(ショッピングモール)で採用される内部動線を複雑にしたり環状(ループ)にすることも排しました。

これはアメリカ発祥の大型商業施設がマーケティング理論に基づいて採用している手法で、客の滞留時間が長い方が売り上げが上がるからというものですが、建築的に見れば、方向感覚を見失うと人間は心身ともに不安になるので、空間が大きければ大きいほど動線はシンプルな方が良く、それは人々に長く愛されるためにも重要なことです。

単なる店舗スペースの寄せ集めではなく、人々の営みを見守る建築的時空間としての一体感や快適さや安心感を重視したLAZONA KAWASAKI PLAZA。駅に直結した部分を広場にすることで逆に場所全体に求心性を生みだすとともに店舗スペース間の利用価値の格差をなくす働きを創りだしている。

：中核部分の建築の両
イドに大きなスケール
スペースを配し、将来
空間利用形態が変化す
ことを考慮した極めて
ンプルで柔軟な空間構
になっている。

：駅とダイレクトに広
がつながっているため
ほとんど意識されない
、広場は実際には地上
の建築の2階部分の床
高さにある。

左：5階部分のオープンテラス

右：夜のテラスストリート、通常よりゆったりとしていて広場に面しているので開放感があると同時に、大屋根に守られている安心感がある。

：内部のショッピン
モール、動線が明快
ので迷わない。

：広場を取り巻くシ
ッピングモール。通
は広く、手すりを内
に傾斜させて高さに
る恐怖感をなくして
る。なお LAZONA
AWASAKI PLAZA
は年間約4000万人の
訪者がある。

4-12
W HOTEL BARCELONA に見る
都市が向かうべき方向性を体現する
シンボリックな都市的風景(シティスケープ)の創造

Creation of a Symbolic Urban Cityscape Embodying the Direction of the Future of the City

都市のイメージの多くは具体的には
建築や街路や広場やそこでの人々のありようによって構成されます。
つまり個々の建築的時空間のありようが都市の印象を大きく左右します。
観光客が巡る名所旧跡の多くは建築的時空間です。
人々はそうして都市の歴史や文化や美意識のエッセンスと触れ合い
その感触を通して都市や国に対するイメージを持ち
自分が暮らす街や他の街との違いについてなど
さまざまなことを自分なりに考えます。
そしてそのことがその人の日々の暮らしに何らかの影響を与えます。
自分と人との違いに気づくことが自分をより深く知ることに
ひいては人間社会について考えることにもつながるように
文化的、社会的な思考や美意識や価値観は
文化や社会のありようの違いに気付くことによって醸成されるからです。
このことは実は、自分が暮らす街においても同じです。
というより、自分が暮らす街がどのような街であり
そこに何があり何ができ何を失い
街がどこからどこへ向かおうとしているかが心に映ることが
街の人々や街の文化生成のありように大きく影響します。
自分が街の一部であるように街は自分の一部です。
そこで暮らす多くの人々が日々目にする街の風景(タウンスケープ)は自ずと
人々の心に大きな影響を与え、それがひいては街の明日を左右します。
本項ではバルセロナ市のウォーターフロント再創造の仕上げとして
RBTA が創った海に向かって建つ W HOTEL BARCELONA をとおして
都市のイメージを大きく左右する働きをする
象徴的(シンボリック)な建築空間のこれからの創造について考えます。
都市がそれぞれの魅力を競い合うこれからの時代の都市にとって
また建築的時空間を創造する仕事に関わる者にとって
美しい都市的風景(シティスケープ)の創造が最重要課題のひとつであるからです。

W HOTEL BARCELONA のR・ボフィルのスケッチが飾られている部屋

RBTAの作品を通して 147 W HOTEL BARCELONA 都市的風景

W HOTEL BARCELONA における重要事項の把握と創造的解析
Understanding Important Matters and Creative Analysis for the W HOTEL BARCELONA

　バルセロナはマドリッドと共に、長い歴史を持つスペインを代表する地中海に面した大都市ですが、三方を山や丘に囲まれているために、中心部がなんとなくこじんまりとまとまっているように見え、どこか人間的な雰囲気を感じさせる街です。また街のイメージシンボルとなる魅力的な建築や街路を多く有する都市でもあります。

　旧市街には美しい中庭のあるゴシック様式の大聖堂や小さなロマネスク様式の教会、行き交う人々で溢れるランブラス通りや活気ある市場やオペラ劇場や古い屋敷を利用したピカソ美術館や南国的な雰囲気を持つ広場などがあり、新市街にはモデルニスモの時代に創られた美しい音楽堂や、それぞれに意匠を凝らした多くの建築があります。

　ガウディもまたそれらを創った建築家の一人であり、カサミラやカサバトリョーやグエル公園が、今なお新鮮な驚きを人々に与え、そしてもちろん、今や世界的に有名なサグラダファミリア教会が街を見渡すようにしてそびえたっていて、モンジュイックの丘に登ればこの地で生れたミロの美術館（ファウンデーション）や、オリンピックの時に創られた多くの建築があります。

　それらが重なりあってバルセロナのイメージをつくっています。しかしバルセロナは海に面した港街でありながら、市民のための快適な海辺がありませんでした。もちろんバルセロナにはかつてコロンブスが旅立った港、そして近代の産業化時代の一大興隆を支えた港があり、そこから綿などの多くの物や資材が輸入され、多くの製品が輸出されました。

　つまり港は近代においては産業化のシンボルであり、観光船の船着き場や庶民のためのバルや、何やらいかがわしい物を売り買いする店はあっても、市民にとって必ずしも快適で安全な、光溢れる場所ではありませんでした。そこで RBTA は「バルセロナに海を取り戻す」ことを提案し、その意志はオリンピックを契機にバルセロナ市に受け継がれました。

バルセロナ市民に海をとりもどす大プロジェクトの仕上げとして港の先端に建設されたW HOTEL BARCELONA。すでにバルセロナの都市景観を構成する重要な要素となっている。空港に離着陸する際にひときわ印象的なこの建築が海の光を美しく反射する姿が見える。

バルセロナの街の夜景と溶け合うW HOTEL BARCELONA。見る角度によって、また天候や光によって様々に表情を変えるこの建築を写した多くの絵葉書がラス・ランブラスやメイン通りのキオスクなどで、ガウディ建築の絵葉書などと一緒に売られている。

W HOTEL BARCELONAに接して広がるバルセロナ市民や観光客のための浜辺。この砂浜は実は元々あったものではなく人工的につくられたもの。その形状もRBTAによってデザインされた。

W HOTEL BARCELONA におけるヴィジョンとコンセプト
Vision and Concept for the W HOTEL BARCELONA

　1992年のオリンピックを、産業化時代から文化資本時代へ向けた一大文化ムーヴメントにすることを決めたバルセロナは、まずは街並みやガウディをはじめとするモデルニスモ建築群を修復したり外装の汚れを落とし、劇場や美術館やイベントスペースを兼ねたスポーツ施設を創り、そして港全域の大改造にとりかかりました。

　それまで高台や新市街に集中していた高級住宅街を海側にも創るべく、将来を見越したオリンピック村を創り、港周辺を見晴らしの良い明るい広場に変え、そこにウッドデッキを敷き詰め、お洒落なレストランを誘致し、さらには人工の砂浜(ビーチ)をつくって市民の憩いの場とするなど、港とその周辺の総合的な再創造を実行しました。

　おりしもヨーロッパはEUを本格的にスタートさせ、国々が国境を実質的になくして、国家が国力を競い合って大戦争を繰り返した近代を脱して、多様な文化が共存し、都市や街がそれぞれの文化的魅力を競い合う、文化資本や環境資本を重視する方向へと、大きく舵を切りはじめていました。バルセロナの都市再生(シティルネサンス)もまた、それと呼応するものでした。

　海辺の再創造はバルセロナが産業から文化へと重心を移す宣言であり、現実的には観光やそのための食やアートを含めた文化資本を充実させることを意味します。元々建築や街路や広場はバルセロナ市民にとってはアートそのものです。そしてバルセロナにはモデルニスモの建築ラッシュを支えた硝子やタイルや鉄材などの職人的世界企業が今も存在します。

　港再創造の仕上げとして、ウォーターフロントの最先端に海に向かって立ち、オパールのように柔らかく光を返す、緩やかに湾曲した美しい硝子面を持つ W HOTEL BARCELONA も、建築家が想い描くヴィジョンを、建築家や職人や建設業者やエンジニアが一体となって実現しようとする、バルセロナ的気質の賜物であると言えるかもしれません。

左：青い空に溶け込むようなW HOTEL BARCELONAのプールサイド

右：プールサイドからのビーチの景色

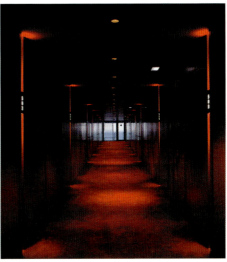

左：チェックインロビーの吹き抜け

右：客室に至る内部通路

地中海に向かって張り出したスイートルームのバルコニー、ホテルは非日常空間や居住空間の新たなありようの提案でもある。

大きなイベントルームのエントランスホール

W HOTEL BARCELONA におけるマスタープラン

Master Plan for the W HOTEL BARCELONA

　この建築が目指したことは、その佇まいをみれば一目瞭然です。極めて大きな建築ですけれども、壁面は平面でも単純な曲面でもなく、中央部がやや膨らんでいて、どこか不思議な生命体の表皮を感じさせる硝子面の全体の表情の創り方の工夫と、硝子そのものの組成の工夫によって、建築の中にある473室のホテルの部屋の存在を感じさせません。

　まるで空に溶け込むように青い空や雲や夕陽を淡く映し込んで、大建築としての威圧感がないばかりか、見る角度によってゆっくりとその表情を変える姿は、まるで昔からそこにあったかのように自然に存在していて、しかもどこからも見えるこの建築は、でき上がった瞬間から、バルセロナの都市景観_{シティスケープ}にとってなくてはならないものとなりました。

　もちろんこの建築の用途はホテルであり、ホテルには非日常的で新鮮な驚きや、居住空間に対する新たな提案などが必要です。イベントホールや会議室やバンケットルームなど多様な機能や最先端の設備も必要であり、それらは極めてダイナミックに取り入れられていますけれども、しかしそうした内部の営みや喧騒や諸々の存在を外には感じさせません。

　この建築の表皮_{ファサード}は、そうしたすべてを柔らかく包み込んでいて、まるで目の前にある地中海や、広がる空や雲と静かに対話をするかのように、あるいはバルセロナの向かい側にある丘のように、あたりまえのように、しかし確かに存在していて、バルセロナの人々を、あるいは訪れる人々を見守り、そしてさりげなく鼓舞しているかのようです。

　建築はそれを用いる人々のためだけにあるのではなく、それを見る人々のためのものでもあり、都市の中の個々の建築が、どのように人の目や心に映るかが、これからは極めて大切になっていくでしょう。そして、人に夢や希望が必要なように、無数の過去の集積でもある建築や都市にも、明日を夢見る力が、それを感じさせる美しさが必要です。

海に向かって立つ
W HOTEL
BARCELONA

夕日に映えるホテルとホテルの前の海に面した広場。

ホテルに隣接したRBTAの設計によるファッションブランドDesigualの本部。

市民念願のウォーターフロントアベニューを見守るW HOTEL BARCELONA。

見る角度や光によって刻々と姿を変え周囲の景色を映すW HOTEL BARCELONAは、都市景観と自然と建築とのこれからのありようの一つの方向性を示している。

RBTAの作品を通して

153

W HOTEL BARCELONA 都市的風景

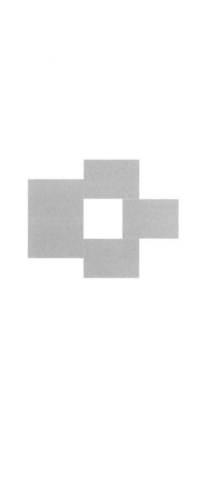

第 5 章

これからの建築的時空間の創造
Creation of Architectural Space-Time for the Future

私たちの社会はいま歴史的な転換期を迎えています。
それは同時に、私たち人間の営みや
それと共にある建築的時空間とその創りかたが
大きく変わる時代を迎えているということです。
それはつまり進化と永久成長の幻想にとりつかれて
無数のテクノロジーを産み出しつつも
過去の多くを過去として切り捨て
人間性や自然を金融資本経済や効率のもとに軽んじてきた
近代産業国家的な思考方法や価値観や仕組を超え
私たち人間と多様な社会が長い歴史の中で培ってきた知恵や技や
それを育んできた唯一無二の私たちの地球の営みを尊重しながら
近代のテクノロジーを新たなヴィジョンのもとに駆使して
人と社会と自然と建築のありようを
その本質に根ざしたより豊かな次元へと飛躍させることにほかなりません。
そのとき建築的時空間は
あらゆる知恵と技術を動員し
美しく創りあげるに値するものとして存在しはじめます。
本章では
重要事項の把握や創造的解析や
明快なヴィジョンやコンセプトやマスタープランの創造によって
RBTA が実現してきたさまざまな成果や
それをとおして論考してきたことを踏まえて
これからの時代と社会の中で建築的時空を創造するにあたって
留意すべきことがらについて考えます。

あらゆる技術と知恵を統合する
Integrating All Technologies and Wisdom

　建築空間を創る技術は飛躍的に向上しています。コンピューターの導入による施工の分野における諸々の技術革新や、空間、構造、設備設計の分野における自由度の向上には著しいものがありますが、それだけではなく、人の心身や自然の働きの探求やエネルギー源や材料の選択肢の拡大など、あらゆる分野で近代とは次元の異なる熟成が可能です。

　分業化や専門化を促進した近代では細分化された分野での探求が個別に進みましたけれども、そうした技術や知恵を総合的に駆使することによって、建築的時空間においても、これまでとは次元の異なる豊かさや快適さや美しさを追求することができます。加えて、明快なヴィジョンとプロセスとコンセプトとディレクションによるコストの削減も可能です。

　しかも太古の昔から人と社会と自然のあらゆる営みと密接に関わり合ってきた街や建築には、地球上の多様な自然条件や生活や社会のありようと共に培われた無数の知恵が秘められています。近代が切り開いた技術ばかりではなく、むしろ過去の多様な知恵や自然の営みの中には、これから活用し得るさまざまな知恵やヒントが潜んでいると考えられます。

　たとえば、地球上には自然と溶け合った多くの美しい集落や街が存在します。それは壁材や屋根材などを含めてその地にある材料を工夫して用いていることによる空間構成言語の共通性や、そのことがもたらす調和が大きく関係しています。近代では工場生産の規格材を輸送して用いましたけれども、そうではない方法も無数に考えられます。

　RBTAがボフィルのオルミゴンによって安価で壮麗な個性と都市的景観とを両立させた公共住宅を実現したように、さまざまな技術（テクノロジー）や知恵や材料を目的に応じて活用すれば、さらに、プロジェクト毎に異なる条件や目的を持つ建築的時空間の創造においては、目的を定めて工法や材料や技術を的確に開発すれば、独自の豊かな表現が可能です。

建築的時空間創造のプロセスに必要な能力
Capacity Requisite for the Process of Creation of Architectural Space-Time

　建築空間が完成してからの営みやその長期にわたる影響を予測しつつ行う建築的時空間の創造においてはプロセスが極めて重要です。建設では中断や後戻りが困難でありそのことによる損害も大きいからです。しかし第３章で述べた７つのプロセスには、それぞれ異なる能力が必要であり、同時に全体を俯瞰してプロジェクトを推進する能力も必要です。

　たとえば『重要事項の把握』では先入観や事情や好き嫌いや思いつきへの執着などにとらわれずに、盲点ができないよう、できるだけ多くの角度からプロジェクトやそれを取り巻く関係を冷静に把握する必要がありますから、自分の感覚を含め対象を客観的に見る力が必要です。『創造的解析』では逆に、プロジェクトにおける優先事項の解析が重要です。

　予算や規模など、限られた諸条件のなかで行う建築的時空間の創造では、プロジェクトの潜在力を見いだすと共に、人と社会と建設主体の本質と重ね合わせて為し得る最大限の可能性を見つめ、そこで何を最優先させるかを明確化する必要があります。そのことが結果の良し悪しを大きく左右しますから、そこでは明晰さと普遍力と創造的判断力が必要です。

　『ヴィジョン創造』においては本質を見抜く力と、そこから普遍性を持つテーマの実現へと目的を絞り込んでプロジェクトを飛躍させる力が必要になります。『コンセプト創造』ではそれを具体的に実現するにあたって必要なことを整理し、矛盾することがらを、より高位の概念やアプローチによって解決する方法の発見が必要です。

　『マスタープランの創造』は必要条件を満たすと共にヴィジョンやコンセプトを最大限に活かすための具体的な建築空間創造です。それには理にかなった動線や空間配置や美しさをどのように創りだすかも含まれます。『創造的施工監理』には臨機応変な問題解決能力や優先順位の堅持が必要です。そしてすべての過程を創造的に率いる存在が不可欠です。

クリエイティヴチームによる建築的時空間創造
Creation of Architectural Space-Time by the Creative Team

　建築的時空間創造は異なる内容を持つプロセスのそれぞれの成果を、いかに空間の実現につなげていくかという仕事です。それには目的と意志と感覚の共有が必要であり、そこには的確な翻訳ともいうべき作業が存在します。また個々のプロセスにはそれに長けた人材が必要で、その人たちもまたプロジェクトの意義やヴィジョンを把握している必要があります。

　建築空間の創造は一般的には設計図面を描くことのように思われていますが、それは膨大な作業のほんの一部でしかありません。図面は作業が建設の認可を含めて細かく分業化された近代において必要になったもので、大切なのは、すでに述べたプロセスのマスタープラン以前までの仕事においてどのような建築的時空間を創るかを構想することです。

　そこでは、建築の専門家ばかりではなく、さまざまな知恵や技を持った才能が分野の垣根を超えて集まることが望ましく、しかも現代のように、建築的時空間創造に活かせることが無数にある時代においては、空間創造チームには広い視野と教養と、人と社会と自然と建築に対する深い興味と理解と愛情を持つ柔軟な創造力のある人が適しています。

　リカルド・ボフィルがさまざまな分野の才能を集めてRBTAを創ったのもそのためです。それはちょうどビートルズやローリング・ストーンズなどのロックバンドが登場した頃でもあり、その特徴は、異なる個性が自らの資質を殺すことなく、自由に影響し合うことによって一人ではできない高みを目指す仕組でもありました。

　図面をほとんど描かずに自然や現場を重視して美しい建築空間を創りあげたガウディは天才ですが、しかし彼にも多くの名人的な職人や、ジュジョールのような若き天才を弟子として登用するなど、思いを共有する仲間がいました。これからの建築的時空間の創造では、プロジェクトに適したクリエイティヴチームの存在が重要になると思われます。

クリエイティヴチームのディレクション
Direcion of the Creative Team

　これからの建築的時空間創造、とりわけ最重要部分であるマスタープランの創造に至るまでは特に、多彩な才能を結集した柔軟なクリエイティヴチームが存在することが重要であり、そのチームが創造性豊かに稼働して目指す空間の創造に至るには、人と人の社会における建築空間の役割を熟知するディレクターがすべてのプロセスに関わることが不可欠です。

　加えてチームの中にディレクターと認識や知識や美意識や価値観を共有し得る優れた空間創造家が存在することが不可欠です。たとえばRBTAではリカルド・ボフィルがすべてのプロセスにおいてディレクターの役割を果たすと同時に彼が中心となって解析を行いヴィジョンやコンセプトを創り、それをパートナーアーキテクトと共に建築空間化します。

　RBTAの場合、パートナーアーキテクトには、ロンドンのAAスクール出身のピーター・ホジキンソンや、パリ大学の数学科とMITの建築科出身のジャン-ピエール・カルニョーなどがいて、初期の頃からボフィルやRBTAのチームと協働して空間設計チームを率いる体制をとっています。これは客観的にみて極めて優れた仕組です。

　ボフィルは建築的時空間創造を率いるディレクターとして、いくつかの優れた条件を持っています。幼い頃から建設業を営む父に現場によく連れていかれたことによる施工の現場への理解と、空間が創られるものであることを肌で知っていたこと。さらにはガウディをはじめモデルニスモの時代の優れた建築が豊富にあるバルセロナで育ったことなどです。

　また世界中を旅することで建築と社会と文化と経済を含めた人々の営みとの関係に深い造詣を持ち、古典的な方法や最先端の技術に対しても強い関心を持っています。これらは建築的時空間の創造チームのディレクションに必要な要素ですが、それを必ずしも一人が担わなくても、複数の人が協働でディレクションすることも可能かつ有効な方法です。

優れた建築的時空間の価値

The Value of Excellence in Architectural Space-Time

　建築は太古の昔から人と人の社会にとってなくてはならないものとして、それぞれの場所で創りだされた文化や文明やその成果と共に存在し続けてきました。逆にいえば建築は、それがつくられた場所の人々の営みや社会のありようや価値のありようの証であり、そこには、その場所の文化や文明や社会が抱いた夢などが凝縮されています。

　つまり建築とは、人と人の社会を豊かなものにするために、人の心や社会の仕組の中に息づき、社会化し、そして普遍化していいはずの価値や美に、命と姿を与える最良の、そして最も分かりやすい方法です。美術館の存在は、そこにある絵画や彫刻やそれを創った人々、そしてそれを見ることが人間にとって大切な何かであることを自ずと表します。

　それぞれの場所、それぞれの社会、それぞれの時代の中で、人々は今から明日に向けて、用い得る知恵や技を尽くして道を作り街を創り建築を創り続けてきました。ある時代には神を奉る建築を創り、美や知を奉る建築や王の権威を示すための建築を創り、あるいは街を護るための城壁を作り、民主主義という概念を社会化するための会議場を創りました。

　国家と国家が競い合って大戦争を繰り広げた近代を経て、私たちは今、地球上の全てが連動する地球的な社会の時代を迎えています。そこでは国家や産業や金融資本を重視した時代を超えて、人と社会と地球とが調和を保ちつつ、個々人がその命と資質を大切に育み、それが他者の多様性を自ずと喚起するような、人と社会のありようが求められます。

　これから必要なのは、そのような社会や街やそこでの営みを予感させる、またそのことが何となく自然に体感できるような建築的時空間の創造です。それがひいては建築そのものの価値を高めます。その価値は金融資本的な価値ばかりではありません。そこには常に時代を切り開いてきた建築ならではの文化的な、時空間資本としての価値も含まれます。

これからの建築的時空間創造
Creation of Architectural Space-Time for the Future

　建築的時空間は消費するものではありません。そこで何かを育むための、人間や社会の暮らしと密接にかかわりあう場所であり仕組です。法律や社会的仕組が、社会の中で人がして良いことと悪いことを示す見えない空間であるとすれば、建築はそこでの営みや、何のためにそれが在るかを、目に見える形で表す空間です。

　したがってこれから建築を創る場合には、創られた建築が人々に長く愛されるためにも、そのことに自覚的でなければなりません。その時、当然のことながら、これから私たちの社会が未来に向けて、どのような方向に進んで、どのような営みを育むものであればよいかということについて自覚的であると同時に、そのことを具体的に表現する必要があります。

　そのために最も有効な方法は求められた要素を健やかに満たした上で、善悪や算段や用途などの近代的な価値観を超えた、人々の心身のうちに潜在する願望や心地よさや快適さと自然に触れ合うような、人として大切なことに対する自覚につながるような気配を空間に宿らせることです。そのための最も分かりやすい方法は、美しく快適な建築を創ることです。

　なぜなら人は美しく快適なことが好きだからです。人が美を求める存在であることが原資となって、人が人間性を育み、文化を創り伝えることを支えてきました。美には人の心と働きと命が宿っています。ですから大切なことは、内部も外部も街における佇まいにおいても美しく快適な建築空間を創ることです。しかもそれを理にかなったプロセスで創ることです。

　それが創りだした建築に生命力を付与することにつながります。街の中で自然の中で、美しく、明日の人と社会のありようの可能性を感じさせて優しく力強くあるいは何気なく、未来の豊かな記憶を育む場所として佇む建築。それを契機に周りが、あるいはそれを見た人がどこかで何かを創りたくなるような、そんな建築的時空間の創造がこれからは求められます。

第6章

リカルド・ボフィルへのインタビュー
An Interview with Ricardo Bofill

本書ではこれからの時代における
建築的時空間の創りかたについて考えるにあたって
具体例としてRBTAの作品を取り上げ
それを巡ってさまざままな考察をしてきました。
それというのもRBTAは活動の当初から一貫して
いわゆる近代建築的な手法とは異なるアプローチや方法に基づいて
建築的時空間創造を行なってきたからです。
もちろんRBTAは常に
最先端のテクノロジーを積極的に取り入れてきましたけれども
同時に古代から現代にいたるまでの
人の営みの証としての建築とそこに秘められた知恵や
さまざまな社会や文化や地勢や建築との関係などを注視する中から
35カ国にもおよぶ地域のさまざまなプロジェクトにおいて
そこにおいてこそ成し得る可能性や
それを実現するための方法をそのつど見出すと同時に
幾何学や黄金律などの
人の感覚や身体にとってなぜか親和性のある事柄や
建築的時空間における基軸線の重要性
さらには建築創造におけるスケールやプロセスなど
人間のための建築的時空間創造にとって
共通して重要と思われる多くの事柄を
仕事を通して見出し活用してきたからです。
そこで終章として
半世紀にも渡ってRBTAを率いてきたリカルド・ボフィルに対し
そのような自分を彼自身がどう捉えているのか
そしてリカルド・ボフィルにとって建築とは何かということなどを巡る
インタビューを行いました。

インタビュー
リカルド・ボフィルが語る
リカルド・ボフィルと建築的時空間創造プロジェクト
——以下が谷口江里也、それ以外がリカルド・ボフィルの発言

——本書は、これからの時代の建築的時空間創造においてどのようなことが重要かを巡って書かれています。それというのも、大雑把には約200年前から始まった近代という時代、あるいはそれを支えてきた方法や価値観などが、すでに行き詰まってきていて、いわゆる近代的な手法で建築をつくっても、それはもはやこれからの社会を切り拓く力を、つまりは魅力を持ち得なくなっていて、これから建築を創る場合には、近代の先にある可能性を見つめる必要があると考えるからです。そのとき、あなたと RBTA（リカルド・ボフィル タジェール・デ・アルキテクトゥーラ）が行なってきたこと、そして現在行なっていることに強い興味を惹かれます。なぜならあなたは半世紀前の活動の初期から、いわゆる近代建築的な手法とは一線を画して、というより、それに対してことごとく反旗をひるがえすようにして建築をつくってきたからです。たとえば世界中どこでも同じような建築を創るインターナショナリズムなどに対しては完全に無視してきました。近代、あるいはその大きな枠組みの中にある現代において多くの優れた建築家が登場しましたけれども、現代の建築家としてあなたは特殊というか、大建築家のなかではほとんど唯一といって良いと思いますけれども、あなたは最初から一貫して、過去や、近代の仕組や価値観が見落としてきたようなこと、あるいはその先にある可能性を見つめて建築をつくってきました。これは極めて大きな特異性です。同時に、国家であれ議会制民主主義であれ金融資本主義であれ、近代的なものの多くが既に行き詰まりを見せている現在、あなたの方法には、人間に立脚した、人や社会や建築の未来のありようにダイレクトにつながる何かがあります。つまり近代的な手法に囚われることなく、人と社会の過去と多様性と未来を大切にしながら建築を、現代という現実を活かしながら創ってきました。そうした行為を支えた価値観や感覚はどのようにして培われたと思われますか？

まず大きなことは、私が建築家で建設業を営んでいた父の息子だったということでしょう。私は幼い頃から父に連れられていつも建設現場に行っていました。そこが遊び場のようなものでした。私はそこでレンガを積ん

インタビューに応えるリカルド・ボフィル

だりなどして働く職人たちの仕事を見るのが大好きでした。つまり私にとって建築と職人とは最初から一体のものとしてありました。職人たちはレンガを見事に積んだり、重労働をいとわなかったり、高いところで危険を承知で仕事をしたりします。そんな中で育った私にとって建築とはそうして人の手によって創られるものであり、また壊されるものでもありました。

　それと関係する部分もあるかもしれませんが、私には持って生まれた欠陥が二つありました。一つは、私は幼い頃から閉所恐怖症でした。狭い場所、閉塞的な場所、自由を束縛されるような場所にいるとほとんどパニックに陥るのです。もう一つは、私は自分の目に映る身の回りの街の景色が嫌で仕方がありませんでした。なんだか醜く感じるのです。だからそこから逃れるためには、あの建物がなければいいのに、だとしたら何があったらいいのだろうと、そんなことばかり考えていました。

　この二つの欠点は幼い私にとってかなり深刻なものでした。そのまま何もしなければ、大きくなる前にどこかで変になってしまっていたかもしれません。ただ、これは建築家になった今だから言えることかもしれませんけれども、建築家ということを考えれば、この欠点は、もしそれを建築空間創造の仕事に利用しさえすれば、たちまち利点に早変わりします。私の

過剰な感覚が、一つの鋭敏な人間的なセンサーの働きをしてくれるからです。ですから建築家になろうと決めてからは、自分自身のこの欠陥に悩まされることは少なくなりました、ただ、余計なことかもしれませんけれども、誰だって大なり小なり欠陥や性格的な悩みを抱えているものです。でもそれを自覚し、それを客観的に見つめることで、そしてそれをどうすればプラスに変えられるかを考えることによって乗り越えていけることがたくさんあるように思います。マイナスは考えようによってはプラスへのチャンスであって、それは建築創造プロジェクトでも同じです。場所が変われば、相手が変われば、目的が違えば、自分とプロジェクトとの関係の全てが変わります。しかも条件的に全てにおいて万全なプロジェクトなどあり得ないからです。

　また父は私をよく旅行に連れて行ってくれました、スペインの南のアンダルシアなどの国内はもちろん、ギリシャなどに連れて行ってくれました。そんな経験を通して私は建築が、場所や文化や時代と不可分だということを学びました。ギリシャのパルテノン神殿からは、特定の宗教に固執するのは無駄だということを思い知らされましたし、アンダルシアの建築や街からは文化のちがいと建築の違い、それらが長い間にわたって積み重なったスペインという文化的土壌の奥の深さを感じました。なにしろスペインには長い間、イスラム教徒とユダヤ教徒とキリスト教徒たちが混じり合って暮らし、互いに影響を与えあっていたのです。だからこそあのような美しい建築や街ができたのでしょう。かりに産業革命以降の産業社会を近代とするなら、近代はたったの200年。もしルネサンスやスペインの新大陸発見あたりからの、過剰な金融資本が社会を動かすようになった社会を資本主義社会と呼ぶとしても、それだって500年です。でもいわゆるレコンキスタは700年です。一時期ユダヤ人たちを迫害して追放したこともありましたけれども、それ以前やそれ以後を含めれば、とんでもなく長い時間、スペインでは異なる文化が共存していたのです。

　私は成人になってからも旅を続け、最初はバルセロナを起点に南のアンダルシアやアフリカに行き、それから北のヨーロッパのあちらこちらに行き、さらに今度は、東西に、アメリカや日本などにも旅をしました。私は自分がノマド（遊牧民）的だと思っていますけれども、モロッコやサハラ砂漠では全く違う文化や生き方や美しさや空間のありようがあることを知りました。これはとても大きなことです。彼らの美意識や哲学が西欧人に比べて劣っているなどと考えるのは馬鹿げたことです。その中で何が同

じで何が違うかを考えることもまた極めて興味深いことです。もちろん日本からも多くのことを学びました。

　それと同時に、私がバルセロナに生まれ育ったということも私にとっては重要でしょう。カタルニアという豊かな自然の中にありながら地中海に面しているバルセロナには、どこかローカルなでありながらコスモポリティックな気風があります。また職人が多いと同時に、いち早く産業革命を取り入れた街でもあります。だから今でもこの地方には職人技をハイテク化したような世界的な企業がありますし、もちろん貿易で栄えもしました。

　そのようなことを背景にバルセロナでは150年ほど前から、いわゆるモデルニスモというガウディなどが大活躍した、建築を中心とした一大文化ムーヴメントが起きました。街が発展したので、街を大拡張する必要が生まれて、セルダのマスタープランの中で無数の建築が建設されました。そこでの建築の特徴は、全部が同じ様式というわけではなくて、建築家や金持ちやプロモーターや職人たちが、それぞれ個性を競い合ったということです。ですからバルセロナの街は、あなたもよく知っているように、約100メートル四方のマンサーナというグリッドの中にたくさんの個性的な建築がパティオを囲んで升状に立ち並んでいて、それが面白さを作り出しています。つまりそこでは個性と多様性と調和が融合されているのです。何しろ個性的なガウディでさえも街並みを構成する重要な要素になっているのですから。

　考えてみればこうしたことの全てが、単なる機能や経済効率を優先した均一的な近代建築、あるいは材料や造形や構造が主役であるような建築とは異なるものに向かった私のスタンスと深く関係しているように思います。

——そうした資質や条件の中で育ったあなたが、建築ということを強く意識し始めたのはいつですか、またどういうことをきっかけにして建築家になろうと思われたのですか？

　父の影響もあって私は幼い頃から建築や建設に興味を持っていました。意識的に旅をしはじめたのは建築を強く意識していたからでしょうし、その頃には建築家になろうとすでに思ってもいたでしょう。ただ建築、あるいは建築家ということを明瞭に意識したきっかけはガウディでした。バルセロナの建築の中でも私はグエル公園などのガウディの建築が好きでした。しかしある時ふと、彼がまぎれもない建築家だということに気づきました。ガウディは極めて職人的な建築家ですけれども、しかし職人ではなく建築

家です。それはどういうことかといいますと、ガウディにとってレンガは単なる建築の材料ではないということです。つまりガウディにとってレンガは一つの有機的な建築空間を構成するための一つのシステムだということに気づいたということです。

　建築には、ちょうど生物の体を構成するDNAのような、全体を統御する個有のシステム、それを建築的な意志といってもいいかもしれませんけれども、そういうものがいるのです。レンガは積み方によって壁をつくることもできますし、積み方を変えて角や隅やアーチ形の門をつくることができます。つまりそれはシステムそのものなのです。しかも同じレンガを使って全く違う建築をつくることができます。ガウディはそのことをよく知っていました。システムをある空間ヴィジョンのもとで用いること。それがつまり建築家の仕事だということです。そこから私は、もはやガウディの時代を生きているわけではないのですから、例えばレンガを別のもっとスケールの大きな何かに置き換えることができないか、あるいはレンガに相当するようなシステムそのものを考えること。それを駆使する建築家になろうと考え始めました。それは例えば具体的にはABRAXAS（4章3）でのプレキャストコンクリートパネルなどがそうです。ですからあの建築にはガウディへのオマージュが込めてあります。基本的に私の初期の建築ではそういう試みをたくさんしています。WALDEN 7（4章2）にはそこで試したことが集約されています。

　また建築とは何かということについていえば、例えば人間は太古の昔から雨風から身を守る覆いのようなものをつくってきたでしょう。でもそれはまだ建築とは呼べません。それは単に雨や日差しを遮るための屋根のようなものであり、風を遮る壁のようなものでしかありません。しかし屋根に降った雨が流れて落ちて地面を濡らしてしまうのを見て、その水を集めてなんとかうまくどこかに流せないか。あるいは貯められないか。塞いでしまった壁から自由に出入りすることはできないか。そういうことを考えて工夫を凝らし、それを実現した時、そこに初めて建築が成立します。屋根であれドアであれ、そうやって人は建築的な知恵や方法を培ってきたのです。

　またエジプトのピラミッドは、建築というよりはモニュメントというべきものです。あれは神とされたファラオが死後に住む家であって人のための建築ではありません。モニュメンタルなスケールのものを建築にしたのはギリシャ人です。彼らはそこにヒューマンスケールという人間的な要素を導入しました。モニュメントが建築になった瞬間です。私は建築という

のは人間と人間が寄り合って暮らす社会のための空間だと思っています。その時、街や広場のスケールから見ると、モニュメンタルなものも必要です。そのことをよく知っていたのはローマ人です。私はよく、大きなスケールとヒューマンスケールとを併用した建築を創りますけれども、それは彼らから学んだことです。ただ私は常にヒューマンスケールを見失わないようにすることに最大限に気をつけています。建築空間は人々の営みのためにこそあるからです。ヒューマンスケールを見失った途端に建築は怪物化して建築ではなくなります。ANTIGONE（4章5）やバルセロナ空港（4章8）のような大きなスケールの建築が成立し、社会的にも評価されてちゃんと機能しているのは、そこでヒューマンスケールを見失わないようにしているからです。

――そのあたりも脱近代建築、あるいは超近代建築的なことと通底していますね。つまり人間と人間社会は太古の昔から建築をつくってきて、そこにいろんな知恵を積み重ねてきましたけれども、近代に入ってから鉄骨やアルミやガラスなどの建築部材が工場生産され、それらを輸送して、組み合わせて建築をつくるようになりました。しかしそれは長い建築の歴史の、ここ200年で新たに加わった材料や技術であって何もそれにこだわる必要はなく、大切なのは、建築はもともと人と社会のためのものなのだという原点に立てば、これからもいろいろな技術や材料が現れるでしょうけれども、それらもまたそれらのためにこそ用いられるべきものということですね。ただ、産業を重視する現代社会においては、あらゆる建設資材が輸送も含めて、大きな産業構造、さらに言えば既存の工場や技術や企業や政治や利潤や利権や、それらの関係の中にあります。その中であなたが、例えばフランスの公共事業で、工費が安くて美しく住民のための広場まである大規模な集合住宅を実現させたことは驚嘆に値します。つまりそこで既存の習慣的なルールを変更して見せたのですから。

　はっきり言えば、そんな面倒なことを誰もやろうとしなかったというだけでしょう。しかし工夫をすればできることはたくさんあります。コストやプロセスを示して、またどのようなものができるか、なぜそうするのかという理由を示せば、自ずとわかることはたくさんあります。それでなければあんなにたくさんの公共集合住宅を実現することはできなかったでしょうし、パリのパリバ銀行本部（4章9）の建築などもできなかったでしょう。

そもそも建築や街は、個人から家族、家族からコミュニティ、コミュニティからソサエティへと人間の活動が社会的になるにつれて生まれたものです。ですからそこには人間の本性に根ざした、できればより良く暮らしたいという人間の自然な欲求が根底にあります。社会は本来はそのためにあるものです。つまり街や都市を成立させる根底には、人と社会の理想、人はどう生きたいか、社会はそのためにどうあるべきか、どうあって欲しいかという理想や願いがあります。それが都市を構成する、あるいは潜在する一つの大きな力です。ところが都市は現実的には、貧困や差別や堕落や悪意や競争や暴力や不健康といった負の側面と表裏一体です。またそこには権力者や富裕者が都市や住民を思いのままにしようという欲望も渦巻いていて、それもまた都市を動かしている極めて大きな力です。ですから都市には、象徴的には個々人にとってのユートピアを目指す力と、それを壊し私物化しようとする力とがせめぎあっています。言い方を変えれば都市においては、夢は常に破局と、幸福は悲惨と背中合わせです。それが街や都市さらには国をめぐる闘いです。つまり都市には善人も悪人もいて、しかもそれは立場によって逆転したり意味するところが変わったりします。

　ですから建築家の仕事は、そんなどっちの側につくかによって変わってしまうようなものに惑わされることなく、もともと人間がより人間らしく、よりよく暮らすために存在する建築の本質を踏まえて、どうすれば人々が楽しく快適に幸せに確かさとともに暮らせる空間を創りだせるか、そんなユートピアを目指す階段を、一段でも二段でも登ることを考えて仕事をするということです。全くの悪人や善人というものがいるかどうかは別にして、ほとんどの人はその間で生きています。現代における戦争というような絶対悪は論外ですが、物事の善悪も同じです。善悪というのは一神教の神のような絶対的な何かを善とする一元的な考えから来ています。建築家の仕事というのはそうではなくて、その間にある人間的な何かを人と社会の可能性に向けて実現することです。したがってこの仕事には終わりがありません。私が建築家の仕事を Proyecto Impossible（不可能なプロジェクトという意味）と呼んでいるのはそのためです。人と人の社会の幸せに向かって不可能なことをし続けるという意味です。それが建築家の仕事であり建築を創るということだと私は思っています。もしかしたら終わりがないということではアーティストにとってのアートもそうかもしれませんが、ただ表現の結果としてのアートは、嫌いなら見なければいいし買わなければいいとも言えるけれども、街の中の建築や街路はそうではありません。ですから決して完璧にはできないだろうけれども、そこで得た教訓を元に、

今度こそはと完璧を目指す。その繰り返しです。だから建築家は不可能なプロジェクトをやり続けることになります。

　別のいい方をすれば、ユートピアを目指す力は常にいろいろな現実的社会的なブレーキをかけられています。だから建築をつくろうとすれば常にユートピアと現実とがどこで交叉し得るかを見極めなければなりません。金であれ場所であれ材料であれ法律であれ何であれ、そうした現実を無視しては建築はつくれません。けれども重要なのは、一つひとつのプロジェクトにおいてそのつど、それらが交叉する地点をできるだけ高いところに持っていくことです。

——街や都市というのは具体的には、道などを含めた広い意味での建築空間の集積ですけれども、その中に、これから創る建築を通して、人と人との時空間、つまり社会にとっての何らかのより良い変化を起こすということですね。

　そうです。建築家にとって建築を創るというのは、よりよい社会に近づくきっかけとなる礎石、あるいはそこから何かが始まるような可能性を秘めた空間的な何かを創りだすことにほかなりません。つまり都市の中のある部分を少しづつ都市がより良くなるように変えていくということです。そしてできればそれが、創っている途中や創った瞬間、さらには50年後100年後まで、良い影響を与え続けるような、そんな建築を創ることを目指すべきです。もちろん建築は物質でできていますからそれなりの寿命はあります。けれども建築を創る際には、時間を超えること、空間としての永遠性を目指す必要があります。つまり流行や目先の現実や損得勘定に惑わされることなく、可能な限り長く存在し続けることを目指さなくてはなりません。私自身は私が関わる建築は、社会の中に少なくとも300年、何らかの役に立つものとして存在し続けることを願いながら創っています。

——どうして300年なのですか？

　私が好きなルネサンスやバロックの建築が既に数百年以上存在していて今でも魅力的だからです。それを見習いたいからです。だからせめて300年ということです。実際のところ建築にとって100年200年というのは、それほど長い時間ではありません。昔の人たちは自分が死んだ遥か先を夢見て建築を創りました。ガウディの建築はすでに100年経っています。150年

もの歳月をかけて創られたカテドラルもすでに500年以上バルセロナのシンボルであり続けています。パリにもオスマンのパリ大改造の際に創られた建築がたくさんありますし、エッフェル塔も100年以上、ノートルダム寺院は700年以上もパリの象徴であり観光資本であり続けています。モデルニスモの時代の建築群もバルセロナの観光になくてはならないものですけれども、それだけではなく今でもちゃんと使われています。日本の京都や奈良の建築は木造なのに数百年もの間、魅力的であり続けています。法隆寺にいたっては1300年です。砂漠の中の街の廃墟は何かを語り続けています。世界中にはそんな建築がたくさんあります。建築というのは本来そういうものなのです。そこには人々の夢や思いや技が凝縮されていて、つまりは人の証である文化の結晶なのです。

――私は突き詰めれば、人を人にしたのは、人にはなぜか美や知を求める心、美しいものを見たい創りたい、いろんなことを知りたいという心が備わっているからだと思っていて、そんな心の働きが人間的かつ社会的な成果である文化を創り出すもとになっていると考えています。逆に言えば、建築が長く存在し続けるためには人々に美しいと思われ愛され、何かを常にインスパイアさせる必要があります。

　もちろんそうです。ただ建築の場合は、美のなかにいろいろな要素を、人間的なことも含めて、深いところで、そして具体的に包み込んでいる必要があります。さらに言えば、長く存在し続けている建築が人間と社会にとって何であり、何であり続けているかということを考える必要があります。エジプトのピラミッドのような建造物が人間にとって何なのかということを含め、世界中で起きてきたこと、そして起きていること、そしてこれから起きるかもしれないこと、あるいはあるべき未来を含めて自分なりに意識的に解釈することが必要です。
　それと先ほどの話にもう少し付け加えれば、建築は、ある時ある場所である想いや関係の中で、今と未来を夢見て、その時そこでしか創られ得ないものとして創られたし創られるということです。建築はそういった広い意味での場所性と深く関わりあっていて、だから今から建築を創るとすれば、過去に起きてきたことや今起きていること、これから起こりうること、その場所でその時そのプロジェクトにおいてこそ成し得ることを総合的に深く考える必要があります。それはいわゆるインターナショナリズムの対極にあるけれども、それが本来の建築創りというものであって、東京とモ

ロッコの建築が同じであっていいはずがない。資生堂の建築（4章10）を創った時も、私たちはあなたと共に、資生堂とは何か、化粧とは何か、美とは何か、人とは何か、日本とは何か、西欧とは何か、銀座とは何か、建築のこれからとは何かということなどについて深く考えました。そうでなければあのような建築はできなかったでしょう。

——建築は文化や時代や場所や関係と不可分であり、一つの場所には一つの建築しか創れませんし、場所や文化や地形や建築家と建築主体との関係が違えば、自ずとそのプロジェクトでしか成し得ない建築を目指す必要がありますけれども、同時に、実は全てに共通することもあります。それは全ての建築が地球上に建っているし、これからも地球の上に人間のために建てられるということです。つまりそこには地球に固有の重力や摩擦や材料の重さや水や風や光などの力や地球に共通する要素があり、しかもたとえ文化が違っても、人間を人間たらしめている根っこのところ、つまり美や知を愛したり、喜怒哀楽があって悲しいことがあれば涙を流し、嬉しいことがあれば笑ったり歌を歌ったりするというような、人間なら誰しも持っている共通の感性や身体性を、建築は包み込んでいる必要があります。

　それが極めて重要です。私が、たとえば古典建築のモチーフを用いる場合には、常にそのことを考えています。そのモチーフがなぜ愛されてきたのか、それを自分なりに翻訳して、何に対してどのように用いれば現代のプロジェクトにとって有効かということ、つまり特異性と共通性や普遍性を常に両立させるようにしています。人間には基本的に大なり小なりコミュニティをつくって生きて行こうとする意思がありそれは共通しているけれども、その表し方や現実化の方法は多様です。例えば砂漠の民には砂漠の民の生き方があり習慣がある。そこにある特異性と共通性を見極めて建築空間化することが重要です。

　ただ空間感覚というのは、音楽の感覚や文学の感覚と同じように、それを持っている人とそうではない人がなぜかいる。同じ物を見たとしても画家と建築家は違うものを見ています。建築家というのは、空間と時間が一体になった物体を取り巻く空間のありようや、その動きや働きを見る特殊な職業なので、突き詰めれば、そういうことに適した人とそうでない人がいる。もしそういう空間感覚を持たずに建築家をやっている人がいたら、その人は職業を変えた方がいい。建築家に何よりも必要なのは空間と動きや変化に関する繊細で鋭敏な感覚だから。建築家にはそういう感覚は必要

だし、それに加えてたくさんの経験が必要。フランク・ロイド・ライトは60歳にならないと建築はできないといったけれども、たしかに建築家は空間感覚という才能に加えて多くの経験を積み重ねる必要があります。だってそういう職業なのですから。

――あなたはすでに歴史的な建築家で、多くの建築を世界中に創ってきました。でも、そんなあなたでも最初にイビサ島の建築（4章1）を創るまでは、実際に建築を創った経験はなかったわけです。ガウディだってピカソだって建築科の学生だって誰だってそうです。誰にも最初の建築や作品があり、2番目、3番目に創った建築があります。もちろん大学を卒業したとしても建築を創るには至らない人もいます。しかしあなたは最初のイビサの建築ですでに、イビサの古民家の建築様式を取り入れつつ、内部空間のあり方を極めて現代風なシンプルなものにするということをしています。つまり過去の伝統や文化や周囲との関係を重視しながら、それを現代に翻訳して個性的な建築にするというあなたの特徴がそこにはすでに表れています。そのようなことがどうしてできたのでしょうか？

またその後あなたはすぐにRBTAというチームを創り、矢継ぎ早に、それまでの建築シーンにはなかったような斬新な集合住宅を創っていきます。どうしてそのようなことができたのでしょうか。またその時点であなたは、こんなにもたくさんの建築を世界中に創るような世界的な建築家になることを確信していましたか？

　もちろんそんなことはありません。ボブ・ディランだってビートルズだってローリングストーンズだって、デビューした時にこんな存在になるとは思ってもいなかったでしょう。誰だってそうでしょう。みんな一歩一歩ずつ歩んで、いつのまにか遠くまで行ってしまったということでしょう。バッハだって最初にオルガンを弾いた時には、今日評価されているような偉大な音楽家になるなんて思ってはいなかったでしょう。
　ただ、そういうことを全く想っていなかったかといえば、必ずしもそうではなくて、そういう人たちは基本的に、どこかにそういう夢のようなものを漠然と秘めているものです。それにはまだ夢と呼べるほどの確かさえなくて、心のどこかに漠然と、しかしなんとなく捨てがたい確かさとともにある何かだったりするでしょう。人間の面白いところは、夢を夢見る力を、あるいは憧れという不思議な力を誰もが心のどこかに秘めているということです。それがその人にとっての生きる活力になります。それが私

にとっては建築を創ることでした。そういう意味では、私は夢を夢見る力が人一倍強かったかもしれないとは思います。何しろ私は都市を創ることさえ夢想していましたから。

ただ、最初のイビサの家でどうしてリカルド・ボフィル的なものがイビサの民家風の建築の中に表れていたのかということですが、それは私が学んだことと関係しているように思います。突き詰めていえば私は建築を学校で学んだわけではありません。そこでは何も学ばなかったといっていいでしょう。

私は全てを、私の父や、父のところで働いていた職人や、ガウディや、バルセロナやアンダルシアやサハラの砂漠のオアシスや砂漠の民の暮らしの貧しさや美しさから、イタリアの建築などから学びました。自分の目や頭や体や興味や驚きや本などを通して自ら学んだということでしょう。

どうしてイビサの古民家の様式を取り入れたかといえば、昔からある厚い土の壁と海藻を用いて創った屋根と有機的に増殖していくイビサの民家を美しく魅力的に感じたからです。でも私はイビサのお百姓さんではありませんし、家を使う親戚の人たちにとってもそれは別荘でしたから、内部をイビサの普通の古民家のように薄暗いものではなく、明るく、そして海と山の両方を楽しめる家にしました。私たちにとってのイビサの魅力は光る海であり、可愛い山やオリーブの木だったりするからです。つまり私は、私がそのプロジェクトにおいて最良と思われるものを融合しようとしただけです。全てにおいてそうです。私は大学で教えられた理論を実践したわけではありませんし、偉大な建築家の作品を真似しようとしたわけでもありません。私の建築はプロジェクトごとに全く違いますし、そこでやろうとした試みもみんなそれぞれ違います。私にとって建築とはそういうものなのですから当然です。むしろ大学で学ばなかったということが幸いしたのかもしれません。つまり常識や理論や既成概念や先入観に囚われることが全くなかったということです。

ですから私がRBTAというチームをつくり、集合住宅を創り始めた時まず考えたことは、どうしてアパートというのはどれもこれも似通っているのだろうということでした。人はそれぞれさまざまだし、生活の仕方も違うし、一人で暮らす人も大家族の人もいるのに、それが社会なのに、どうしてみんな同じ間取りの家に無理して住まなくてはいけないんだろうと。

だからそうではないものを創ろうとした。そのために人の暮らしに必要な要素とは何かを考えて基本的な空間モジュールを創り、それを組み合わせて多様性を実現する方法を考えたわけです。もちろんそれまでそんなこ

とをやった人はいませんでしたし、まだ二十代の若造が考える、そんな建築に興味を持つプロモーターなどいるはずがありません。それで自らがプロモーターになって、融資を取り付け、自分たちで宣伝もするという方法をとったりしました。出来上がったものを見て依頼してくるクライアントも現れて、そうして矢継ぎ早にいくつもの建築を創りましたけれども、それもまた、現場を知らずに大学で学んで図面を引いて、それで建築家となって建築をつくろうとするやり方とは全く違いました。LA FÁBRICA（4章1）もそうですけれども、何もかも自分たちでやったわけですから。

　そうでなければできないことがありましたし、かといってあの当時の建築、例えばKAFKA'S CASTLE（カフカの城）（4章2）や WALDEN 7（ウォールデンシエテ）をいま創ろうと思っても不可能です、すでに職人がいませんし、手間賃が違います。とても複雑で面倒な作業ですし、しかもカフカの城などは図面さえなく、特定の法則に基づいてたった一個のモジュールを複雑に組み合わせて、階高の1／4づつ床面のレベルを違えてモジュールユニットを積み上げ、全体の姿が結果的に出来上がっていって、これ以上やるとヒューマンスケールを壊してしまうという時点で工事をやめるという方法でしたから、そんなことは今ではとてもできないでしょう。でもガウディだって図面なんか描かなかったしね。何より現場を大切にしたわけだから。

——その時期のあなたの建築群は近年非常に若い人たちに人気があって、ピンタレストなどにもしょっちゅう登場します。しかもちゃんとメンテナンスされていたりして、強く興味を持たれたり愛されていることがわかります。

　でもあの建築を、あの頃どうしてどのように創ったかを知る人はいないだろうね。何しろもうほぼ半世紀前だからね。

——活動のごく初期にあなたはいろいろな才能を集めてRBTAを作り、現在もRBTAの本拠地であるLA FÁBRICA（工場という意味）と、ある意味ではその時期の建築の試みの集大成としてのWALDEN 7をセメント工場の跡地の敷地に創ります。その意図などについて話していただけますか？

　私がつくったチームはそれぞれ個性溢れた人たちの集まりでした。均一化した平均的な建築ではなく、既成概念を打ち破るような自由な建築を創

るにはそれが必要でした。もちろん時代的な背景もありますけれども、その方が面白いし互いに刺激しあえていいと思えたからです。それと私は職人が好きです。ですから建築を創るにあたっては職人の工房のような場所が一番いいと思っていました。優れた職人（マエストロ）は、基本的に仕事場と住居が同じ、あるいは隣接しています。弟子のような仲間が一緒に住んでいたりもします。そういう仕事場と住居が一緒になった場所を創りたかったのです。だから Ricardo Bofill Taller de Arquitectura（リカルド・ボフィル建築工房）という名前をつけたのです。そのためにセメント工場の廃墟を用いたのは、その方が魅力的に思えましたし、バルセロナのモデルニスモの建設ラッシュと建設を支えた工場に対する愛情もありました。またサンジュストという、工業で栄えてそして廃れた街を再生させたいという想いもありました。

　私の自宅でもある LA FÁBRICA にはたくさんの人が働いていますし、パートナーアーキテクトのジャン－ピエール・カルニョーも住んでいます。そこを拠点にして、多くの建築を創りましたし、これからも創っていくでしょう。RBTAというのはある意味ではとても家庭的なチームです。もともと建築家であった父が経営していた建設会社で職人たちの仕事を見ながら私は育ちましたから、RBTAはそういう家庭的な環境の中から始まっていたともいえます。その後自分で建築を創るにあたって、いろんな仲間たちを集めてチームを創りました。それは家庭的であると同時に、いわば志を共有する同志的なチームです。今でもそれは変わりませんけれども、いろんな変遷を経て、最近また少し変わって、また家庭的なチームになっています。それというのも、私はすでに経営を次男のパブロにほぼ任せていますし、私と同じ名前を持つ長男のリカルドもいろいろなプロジェクトのリーダーとして世界中を飛び回っています。ジャン－ピエールは今も重要なパートナーアーキテクトですけれども、同じようにずっと仕事を共にしてきたピーター・ホジキンソンは引退して自家製ワイン農園をやっています。チームには若い人たちも随分いて、エドワルドのようなベテランが彼らを率いていますけれども、若い人たちには、自分たちが行ってきたことのエッセンスのようなものを受け継ぎつつも、自分たちにあった方法を創り出して欲しいと思っています。

　それというのも、私が行ってきた方法やチームスタイルは、私の資質や時代やいろんな仲間たちがいて、その中で最も良いと思われることを求めてきた結果ですから、それがこれからも有効だとは必ずしも思いません。それぞれ自分に合ったやり方があるはずです。

　ただ大切なことは、RBTA には毎日のように世界中から一緒に働きたい

という若い人たちからの申し込みが来ます、そういう人はある程度スタッフが絞り込んだ後で、最終的にはパブロが会って仲間として迎え入れるかどうかを判断します。みんなそれぞれ素晴らしいキャリアと才能を持っているとは思いますけれども、結果としてRBTAのスタッフになる人はごく稀です。しかも経験的にいえば、そうして入ってから、RBTAのやり方や哲学などを理解して、本当の意味で仲間として一緒に仕事ができるようになるまでには、大学で学んできたことや常識や既成概念や既存の価値観に囚われずに自由で創造的な発想ができるようになるまでには少なくとも7年かかります。大学や社会で身につけてしまった感覚や私的な癖のようなものから抜け出すのがそれだけ難しいということでしょう。それと最近ではみんなコンピューターで図面を書きますけれども、私やパートナーアーキテクトたちは、空間を構想したり、コンセプトやマスタープランを考えるときには、手でスケッチしながら考えます。その方が空間を練り上げていく作業にとってはいいと感じます。そうしてマスタープランを創っていきます。そのあとでスタッフがコンピューターで図面化します。手で描けば、どうも違うかなと思ったら、その上に描き重ねていけますし、それと向き合っている時間は、手や目はもちろん全身で考えているような気がします。つまりそれは創造的密度が高い時間だということです。

　音楽や文学も同じかもしれませんが、文字が書ければ文学的空間が創りだせるわけではありません。ピアノを習えば素晴らしい音楽的空間で人を包み込むことができるというわけでもありません。セルバンテスのような文学者もいれば、ツイッターで何かを呟いてそれを表現と勘違いしている人もいるでしょう。

　そして建築創造には才能が必要だし経験も必要だし、それ以上のものが必要です。そのことはもっと認識されていいと思います。建築空間創造は単なる技術ではなく、とても難しい仕事です。特に学生はそのことを知った方がいい。大学を出てすぐデザインをしようとするけれども、そんなに簡単なものではありません。建築は多くの異なる要素に関連性を持たせる一種のパラメーターのようなもので、目的を見つめて諸矛盾を関連づけて一挙に解決するような何かを見いださなくてはなりません。

　ただ建築家のありようはいろいろあります。ディテールを考えるのが得意な人もいるし、分析が得意な人もいる。クリエイティビティにはいろんなレベルがあって、たとえば靴職人には靴職人の創造性や知性がある。アインシュタインのように、宇宙に関するヴィジョンを創りだす人もいるし、みんなそれぞれ違うレベルのプロフェッショナルです。建築家も同じこと

で、いろんなレベルがある。デザインがうまい人やコンセプトが得意な人や、抽象化が得意な人や、それぞれ異なるレベルと知性と広がり、あるいはスケール感覚があって、そこにチームを編成する意味がある。

　ただ社会は、建築をそのようなものとしては考えていなくて、建設と建築空間創造が同じであるかのような錯覚をしている。大学も同じようなところがあって、デザインや材料の知識や構造の計算などの個別の専門性を重視していて、もっと重要なことがあることを教えていない。建築の価値というのは、単に要求された機能やプログラムを満足させるだけでは生まれないのですから。

　時々ロンドンやパリや、いろいろな所から呼ばれて若い人たちなどを相手に講演をすることがあるのですけれども、その時に必ず言うことは、私のやってきたことを参考にしてもいいけれども、決して真似はしないでくださいということです。なぜなら建築空間創造プロジェクトは一つひとつ違います。そこで最良の建築に行き着く方法を見つけるのは、あくまでも自分であって他人ではありません。教科書でもありません。ですから私のやってきたことを見て何らかのヒントを得るのはいいけれども、あとは自分の頭と心と体で考えて、自分に合った方法、そのプロジェクトにあったヴィジョンやコンセプトや空間を自ら見出し、それを最後まで見届けてくださいということです。そうして一つひとつ経験を重ねていくことが建築家の仕事です。私もそうしてきました。私は大学で教鞭をとって建築の方法論や理論や様式を教える教授ではありません。アカデミーでの何とか学派のような学閥や弟子を持とうと思ったことなどもありません。私はあくまでも建築を創る建築家です。

　建築空間の対象は個人から社会の総体に及びますし、それをプロジェクトごとに、その時にある最良のテクノロジーや過去の知恵などを見据えながら、そのつどそのつど創っていくものです。しかも自動車や飛行機の場合は多くのパーツに分けられていて工場で組み立てられるので、それを誰がつくったのかは解りません。しかし建築は、突き詰めれば私という個人の中で生まれた空間を、現実の建築にする方法やプロセスや材料などを考え、その完成までを、さらにはその先までを個人として見届けるという仕事です。しかも常に責任が付きまといます。私が創った建築に問題が起きれば、その責任の追及はまずは私のところに来ます。

　だから建築をつくろうと思えば、あらゆることを、そして今知っている以上のことを常に理解しようとしなくてはいけません。それも今見えてい

るものは、現時点でのこの視点から見たことに過ぎないという自覚と、それ以外の多くの視点から見る作業がどうしても必要です。あまり自分のイデアに固執しすぎると、他の何かが見えなくなってしまいます。また別の視点から見た場合に、何かネガティブなものが見えてくるかもしれません。でもそれもまたプロジェクトを取り巻く一つの重要な現実だと捉える必要があります。かりにそこに戦争が関係しているとすれば、どうしてこの戦争が起きているのかということなども考える必要があります。

　これは私独特の方法かもしれません。最初の頃はプロジェクトそのものを発明するようなところから始めましたけれども、そんな頃から、いろいろな依頼が世界中から来るようになった今でも、私はプロジェクトが始まると、白紙の状態から、ゆっくりと時間をかけていくつもの視点からプロジェクトの全体を見ます。問題点や可能性や、とにかく思いつく限りあらゆることをいろいろな角度から見つめます。ある程度考えたらいったん考えるのをやめて、あくる日また新鮮な目でプロジェクトを見ます。昨日考えたことは正しかったか、どこかに盲点はないか、もっと良い方法はないかなど、あらゆることを考え続けます。それはプロジェクトが進行している間、ずっと続きます。建築ができてからも続きます。視点を変えるというのは、スケールを変えて見るということも含まれます。個々人のスケールや街のスケールや時間のスケールや対象範囲のスケールなどを変えるということです。

　──近代的な方法の一つの欠陥として、あなたがいうような意味でのスケール感覚の欠如が、深刻な問題としてあるように思います。経済そのものが無限成長を前提としていますし、プライベートとマスを混同したりしますし。大きな建築と小さな建築を同じような手法でつくったりします。時間的なスケールや状況の変化などを考えずに、無意識のうちにも過去の手法を繰り返したりもします。

　私は日本人なので日本のことをつい考えてしまうのですけれども、戦後日本では多くの都市が破壊され焦土になり多くのものが失われてしまったので、何よりもまず必要な建築をつくる必要がありました。建設ということが優先され、古いものが壊され、新しものがどんどんつくられ、さらに経済を拡大回転させるために新しいものもどんどん建て替えられるという状況が続きました。今はそういう時代とは状況が全く違うのですけれども、一種の経済的な慣性の法則のような力によって同じようなことがまだ繰り返されています。

さらに 3.11 の東日本大震災の時には、多くの人々が津波でなくなり、家々が流され、街が流され、船が流され、原発事故によって多くの人々が避難を余儀なくされました。それに対して仮設住宅が建設され、窮状の救済や郷土の復興の声が上がりましたけれども、仮設住宅だけをとってみても、急務であったとはいえ、文字どおり仮に建てたという状態がほとんどで、そこに新たな街づくりなどと重ね合わせた新たな方法や、仮設住宅の新たなモデルの創造ということはほとんど行われていません。海辺の街に長大な防波堤がつくられたりもしています。そこではほとんどの場合旧態然とした手法が取られています。本来であればそのような時にこそ、知恵や技術を集めて、より暮らしやすくて安全な街のありようや仕組みや、より快適な住宅やコミュニティのありよう、さらには原発の問題も含めてエネルギーのありようなどが追求されるべきでしたけれども、そこで世界に先駆けるような未来に向けた新たな試みが積極的になされることは、個人的なスケールではともかく、国家的な、あるいは行政的な自治体が連動するようなスケールにおいては、これまでのところなかったように思います。このことに対して私個人もまた、何もできないまま時が過ぎています。

　私もあの時は映像を見て呆然となりました。建築家あるいは都市計画家から見てあのような状況を、戦争で街全体が破壊されてしまったような場合もそうですけれども、私は「失われてしまったことによる機会」と呼んでいます。そういう時にこそ、過去を踏まえた新たなチャレンジが迅速に行われなければなりません。そしてそれは私たちの社会を切り拓くモデルにもなり得るのです。そうでなければ悲惨な状況に陥った人たちが希望を取り戻すことができません。そしてその時にこそ建築家の、あるいは都市計画家の姿勢と真価が問われます。
　人間というのは素晴らしい力を持っています。人はどんな状況からでも、なんとかして生きようとし、立ち直ろうとします。戦後の日本がそうだったでしょうし、今でいえば古い歴史と文化を持つアフガニスタンのカブールやシリアの街が廃墟と化しました。しかしそれでも人々は、破壊された瓦礫の中に雨風をしのぐ場所を探し、瓦礫を集めて居場所をつくり、廃墟のなかで物を売りはじめたりさえします。人間にはそういう力があります。そしてその時にもし希望があれば、その力は何倍にもなります。そういう状況を救済するのは、あるいはそういう状況にならないようにするのは政治の役割かもしれませんが、そのような中で建築家にもできることはあります。建築は具体的に暮らしや安心や信頼や希望や夢と深く関係し得るか

らです。

　金と建築や空間のクオリティとは全く別のものです。金がなければ良い建築空間ができないというのは間違いです。豊かさや美しさとお金とは何の関係もありません。どんなに工費が安い建築であっても限りなく美しく豊かな空間性を持つ建築であり得ます。もちろんそこでは美とは何か、豊かさとは何か、ということを深く知る必要があります。一般に政府や行政などの既に存在する社会管理機構というものは、つねに同じことをし続けようとします。お金ならお金を使い続けようとします。また前例のあることをやり続けようとします。しかしすでに経験のあることばかりを続けていけば、自ずと、もっと楽にもっと安いものを大量に速く、というような力が働いてクオリティがどんどん落ちていってしまいます。ものごとをよくするには社会管理機構は役にたちません。構築されたシステム的なものが持つ力というのは強くて、進化や進歩を善としてきた近代においては常に新しくあること、今風であることを求めますが、それは逆に自由を失うことにつながります。中央集権的な仕組を持つ近代国家の中枢の、たとえばワシントンやモスクワにいると、一種の不自由感を感じます。

　どちらにしても、官僚機構や近代的な経済価値観のように、行きづまってしまったものは個人的に修正できるようなものではありません。たとえばお金持は、お金持として生きるうちに豊かさというものをお金のある無しと勘違いしはじめます。そういう考えが行きづまってしまっているということに気付かないのです。そこで成長が止まってしまっているのです。金は確かに生きて行く上でのひとつの指標ではあるけれども、単なる指標であるに過ぎません。自立であれ知であれ美であれ自由であれ、それもまた生きて行く上で極めて重要な指標であって、人生にとってはお金よりもはるかに大切なものです。つまり金持であり続けなければならない理由など、同じことをし続けなければならない理由などどこにもないのです。

　建築は逆の働きをするものです。建築は価値や喜びを増すためのものです。建築や都市計画は街のクオリティや自由度を高めるためのものですし、それによって人々の暮らしを具体的に変え得ます。「失われてしまったことによる機会」から、もしかしたら一般的には何もかも不可能であるかのように見える状況の中から、これからの社会や都市の新たな可能性が見えてくるかもしれません。それに寄与することが、建築家や都市計画家の仕事です。

——本当にそうだと思います。あなたの初期の集合住宅がそうでしたし、フランスでの公共事業としての集合住宅もそうでした。不可能と思われていたことをローコストで、しかもハイクオリティで実現したのですから。ここで、これまでを振り返って、あなたの仕事のやり方が具体的にはどんなものだったかを少し話してもらえますか？
　それとあなたは1980年代に入って活動の舞台を急にスペインからフランスに移しますけれども、そこにはなんらかの戦略的な意思が働いていたのですか？

　具体的に言いますと、実現できなかったものを含めると、たぶん1000にも上る RBTA のプロジェクトで私は、プロジェクトごとに必ず何らかの、そこでしかできないような、そのプロジェクトだからこそできるような試みをしてきました。つまり建築空間創りにとって役に立つレンガを一つ一つ創り出し、それを用いる技を一つひとつ身につけてきました。つまり技と経験を一つひとつ積み重ねてきたということに尽きます。プロセスとしては、プロジェクトに関してまずあらゆることをさまざまな視点から見つめて、問題点や可能性を把握します。それからコンセプトやプロセスを進行していくプロセスやチーム編成や材料や方法などについても考えます。そうしているうちにだんだんテーマが空間化していきます。それからマスタープランを創りますが、そこで重要なのは、先ほども言いましたけれどもスケールの違いに関する正確な認識です。そこでは大きなスケールから小さなスケールまでを同時に考える必要がありますけれども、それらをどう融合するかが極めて重要です。一般的にはマスタープランは、クライアントを納得させるための絵のように思われているかもしれませんが、そうではありません。マスタープランのなかでは、そこで将来何が行われるのか、実際に何が起き得るかということが考え抜かれていなければなりません。たとえ小さく描かれた場所であっても、そこに大勢の人が何かをしていたりするのです。多くの建築家が、実際の建築とマスタープランが同じものだということ、その通りに実際の建築が出来上がるのであって、そのことをスケールを変えて示しているのだという認識を欠いています。しかしこのスケールを自在にかえて考えるということが、建築的時空間創造において最も難しいことです。
　もちろん私だって最初からそういうことをわかっていたというわけではありません。一つひとつのプロジェクトでいろいろなことを試しながら、経験を積んで体で覚えてきました。それを繰り返してきただけです。若い

頃には、都市の新たな形とは何かということも考えました。初期の集合住宅建築をいくつか完成させた後、その考えと経験を合わせて『空間の都市』というプロジェクトを自ら立ち上げました。これはマドリッドとバルセロナに集合住宅を中心としたひとつの街を創り出すという壮大なものでした。自らがプロモーターとなり融資を取り付け、宣伝のために仲間たちとプロモーション映画を創ったり演劇をしたりしました。これはあなたの質問とも関係しますけれども、それが評判になって、というか評判になりすぎてプロジェクトそのものが強制的に中止に追い込まれました。独裁者フランコによる統治が長い間続いた当時のスペイン、とりわけマドリッドにとって危険と映るほどの自由さをプロジェクトそのものが持っていたからです。

　私は学生時代、フランコ独裁体制に抗議するデモに参加して警察に捕まり、そのことで退学になったりもしています。つまり私が仕事の舞台をフランスやアルジェリアに移したのは、何もそうしたくてそうしたのではなくて、例えば当時のマドリッドの市長から、もう二度とスペインで仕事をするなと言われたりして、スペインで仕事がしづらくなったからです。そんな私がその後、マドリッド市議会の建築を創ることになったのは面白いことですけれども、それはともかく、当時私はすでに建築を創ることを自らの仕事にすることを決めていましたし、RBTAも立ち上げて仲間もいて、実際に評判になるような建築を創ってそれなりに手応えを感じてもいましたから、仕事ができる場所が私には必要だったのです。それがパリでありアルジェリアであったということです。

　そうしていろいろな場所で仕事をしました。場所にはこだわりませんでした。というより、旅が好きな私にとっては、知らない場所、文化の違う場所で、その地の文化や歴史や様式を学びながら建築を創ることに強い興味を持っていました。パリのABRAXAS（4章3）とアルジェリアの農業集落（4章4）を創る仕事は、条件も完成後の姿も全く異なりますけれども、同じ時期に進行したプロジェクトです。

　私は同時に違うプロジェクトを進行させるのが好きです。それがプロジェクトを異なる視点から見るためにも役立つということもあります。また私は、ガウディがそうであったのと同じような意味で、自分を職人的な建築家だと思っています。つまり極めて現実的な夢想家だということです。現実と夢想や理想や創造は、一般的には全く違うもののように思われていますけれどもそれは逆です。現実から離れては理想も創造もあり得ません。現実と密接に触れ合うことの中から飛躍的な創造や理想を生み出す鍵を得ることができるのです。

例えばガウディのグエル公園は、たくさんの割れたタイルが用いられていますけれども、あれは当時の建設ラッシュの中で、壊された古い建築に使われていた床や壁のタイルが粉々になって捨てられていたという現実をガウディが見て、そこから思いついた方法です。わざわざ粉々にしたわけではないのです。捨てられていたものですから、当然ただ同然です。しかしそこからあの美しいグエル公園が生まれました。ガウディには現実を見る力と美を夢見る力があったからです。

　またガウディは、同じことを決してしません。一般的にはガウディの作品は漠然とガウディ的なものとして見られているかもしれませんが、よく見れば全てが違うことがわかります。何も繰り返していません。柱も窓もドアも天井も、一つひとつみんな違います。

　私もプロジェクトごとにやり方を変えます。異なる場所に異なる条件や関係のもとに創られる建築にとってそれは当然のことです。そうして私は経験を積み重ねてきました。いろいろな方法を試してきたからこそ、ANTIGONE（4章5）のような一つの街全体を創ることもできたのでしょう。街は本来、多様な要素でできていますから、街を創ろうとすれば当然、多様な技や知識や経験が必要です。私が積み重ねてきた無数の経験やそこから得た技が、あのプロジェクトを可能にしたのでしょう。しかもあれをやり遂げたことで私は幸いにも高い評価を得ることができました。このことは私が仕事をする環境に結果的にプラスに働きました。もちろん失敗していれば逆です。しかもあのプロジェクトの場合、規模が非常に大きかったので、RBTAだけではなくて多くの建築家や施工業者を起用して、マスタープランを創ったのち、拡大チームを編成して、具体的な実施設計や施工をRBTAがディレクションするという方法をとっています。このことが私たちの評価をさらに高めましたし、私たち自身のプロジェクトの展開力も大きくなりました。そうしたことは、例えばバルセロナの二つの国際空港のプロジェクトにも活きています。あのような大きくて複雑なプロジェクトの場合は、エンジニアを含めて実に多くのプロフェッショナルを率いる必要があるからです。

――よくわかりました。最後の質問になりますけれども、そうしてあなたは多くのプロジェクトを実現させ、今もRBTAを率いて多くの仕事をされていますが、そんなあなたから見て、リカルド・ボフィルとはどのような人間なのでしょうか？　そしてあなたにとって建築的時空間創造とは何でしょうか？

もしかしたらそれがたぶん、私に関するさまざまな問いの根幹をなすものだろうね。リカルド・ボフィルというのは、もちろん一人の個人だけれども、結果としてみれば、リカルド・ボフィルというのは、建築を創りながら自分自身の生き方を自らが構築し続けてきた人間だということでしょう。言い方を変えれば、リカルド・ボフィルとRBTAが創ってきた建築というのは私自身のパーソナリティの構築のための憲法の働きをしています。私が創ってきた建築は私が生きてきた結果であり、これから生きていく土台だということです。つまり、リカルド・ボフィルにとって建築を創るとは生きることであり、生きることは建築を創るということだ、ということになります。

　そしてそういう風にして建築を創り続ける建築家、つまりリカルド・ボフィルという建築家、あるいは都市計画家は、まずなによりも批判的なシステムを自らのうちに持つということを前提としています。これは私の資質とも深く関係しているのかもしれませんが、私は常に自分自身に対するほとんどオートマティックな批判的分析を行っています。自分は何をすべきか、自分が創った建築を批判的に見てそれに判断を下す。それが建築家という自分にとって重要な仕事であると考えること。自分の作品や自分自身を弁護したり甘い目で見ないで自分自身や作品を批評すること。そうして自分自身を批評の俎上にのせる習慣を私は身につけてきました。

　私はプロジェクト進めているあいだ常に、自分たちがやっていることを批判的に見つめ、いろいろなことを確かめながらやってきました。建築が出来上がった後も、実現したいと思ってできたことは何か、できなかったことは何かということを考えてきました。たとえば若い頃に創ったWARDENの場合、一種のユートピアを創りだそうと思ったけれどもそれは出来たか？　少なくとも非常に上手く機能するコミュニティはできた、でもこれは？　というふうに、実現しようと思ったことと結果との違い、うまくいったところとそうでない部分、現実に起きた思いがけないことなどを、良い点も悪い点も、ほとんど自動的かつ批判的に分析してきました。その意味は、それが次のプロジェクトの役に立つからです。そうすることで初めて新たな方法を創りだせるからです。自分のやったことを批判的に見なくては方法というものは創りだせません。またそうすることではじめて創造性を維持することができる。そうしてものごとを自然に深く視る習慣を養っていく。それじゃ大変じゃないかと思うかもしれないけれども、どんなに自分を批判的に視て自分自身のある面を否定したとしても、そう

いうことをしながら、それでも現に自分は生きてこられたわけだし、すでに建った建築には、さらに生き続ける力があります。つまり批判的に見るということは、そうではない自分や何かを創りだす力が自分にはどこかに秘められていると信じるということにつながります。

　だからプロジェクトのあいだじゅう、いろいろなことを観点を変えて何度も考える。時に楽観主義者、ある時は悲観主義者のようにプロジェクトを見つめる。それを繰り返して、どうやら確かさにたどり着いたという確信が持てた時、その時ようやく先に進む。そうなるまでは考え続ける。それは恋愛において愛しているのかそうではないのかを自らに問うことにも似て、極めてややこしいことだけれども、建築創造において自分はそういう方法をとってきました。それが他の人の役に立つかどうかはわかりません。けれども、そこには少なくとも学んで損はない何かがあるとは思う。若い頃には、何かを思いついたとして、その時はそれが絶対だと思ったりもするけれども、後になって考えてみると、そこにはほんの少しの確かさしかなかったりします。だから自分のことを常に肯定して、いい作品をつくった、美しい建築をつくったと満足ばかりしているような人、自分を褒める人ばかりを好む人と私のやり方は違うし、建築家としての人生そのものが違う。もちろんこれはあくまでも私の個人的な方法に過ぎないかもしれません。

　ただ私はそうしていつも過去を乗り超えようと思って仕事をしています。プロジェクトを実現させるまでは一所懸命そのことを考え前を向いて素晴らしいものを創ろうと思っているけれども、それが完成した途端、不思議なことにそれを批判的な目で見ている自分がいる。そうして自分自身の経験を通して学びながら新たな経験を積んでいく。そういう自分の方法の中では、私はその建築空間創りにおいて、それを主導する主役のような存在であると同時に、プロジェクトの犠牲者でもあり続けてきたということがわかります。リカルド・ボフィルという人間は、そういう建築のつくり方をし続ける建築家のリカルド・ボフィルの旅の犠牲者でもあるともいえるでしょう。なぜならプロジェクトのたびごとに、常に複雑な矛盾を解決する役割を責任とともに担わなければならなかったからです。どうしてそんな方法をとったのかといえば、そうでなければ自分が考える建築空間を創り、創り続けることができなかったからです。しかし結果的に見れば、私にとってこの方法は有効でした。そうすることで私は成長し続けてこられましたし建築を創り続けてこられました。

　また一般に、愛憎であれ、善悪であれ、真偽であれ、美醜であれ、そう

した人間にとって強いものは常に二項対立的な面を持っています。しかし建築というのはそのどちらかであってはいけないのです。そのような要素を超えたもの、あるいはそれらを統合したなにかでなければなりません。いろいろな矛盾を統合する必要があるのです。というより建築をつくるというのは、矛盾を統合する必要性を担うという仕事です。こうしたことの全ては、アカデミーでは学ぶことができません。すべてリカルド・ボフィルとRBTAの仕事をとおして学んだことです。そんなことをしながら建築を創り続けてきたというのは、よほど建築が好きなのでしょうけれども、ただ好きだというだけで続けられる仕事ではないでしょう。

　それにたぶん年齢と関係しているのでしょうが、私は近頃、しばしば死ということを考えます。若い頃はそうではなかったのですが、私の中で生と死が混在し始めるようになりました。ところが、そうして死を意識して、そんな中で私がやってきたこととかを振り返って考えると、不思議なことに、プロジェクトを行っている時に、前よりもむしろ判断が早くなりましたし集中力もはるかに増していることに気がつきました。それというのも、私のように歳をとって経験を積んだ者の視界に死が入ってくれば、自分の人生を全体的な視点から見ることができるようになります。余計なものがどうでもよくなる。もちろんこれは私がたくさんの経験を積んで、いろいろな事例やシチュエーションやその解決方法を学んできたからということもあるでしょうけれども、それよりも物事をよりシンプルに、より深く広く本質的に考えることができるようになったように感じます。

　考えて見れば、建築というのは現在から未来の方を向いて行なう仕事です。ですから建築のプロジェクトをやろうと思えば、前を向いて生きていくしかありません。建築を創るというのは、オートマティックに前を、未来を見ることにほかなりません。前を視る試みこそがプロジェクトであり建築を創るということです。建築空間創造にはプロジェクトと創造力が不可欠です。建築は未来を創るためであり、創造力は自分のなかにある力やエネルギーやキャパシティや希望などと深く関わりあっていますから、プロジェクトを行ない建築を創ることは、自分自身の内にある生命的なシステムを最大限、前に向かって稼働させることにほかなりません。そうしなければ建築を創ることができません。建築を創れないということはリカルド・ボフィルにとって死を意味します。だって私にとってもリカルド・ボフィルにとっても、生きることは建築を創ることなのですから。それに振り返って見れば、まだ成し得ていないことがたくさんあります。それは可

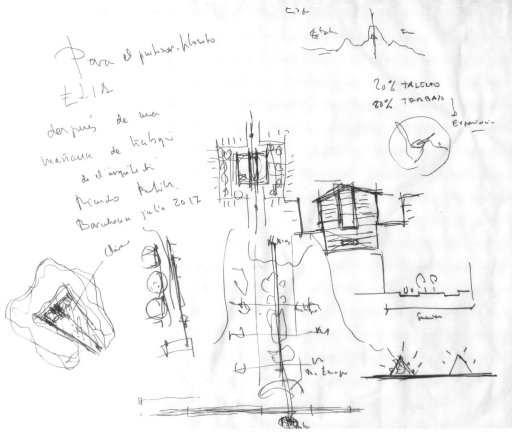

インタビュー中に描いた机上のメモ

能性がたくさんあるということです。誰にだって死は訪れますけれども、でも誰だって死ぬまでは生きているわけです。だからプロジェクトがあるかぎり、私は前に向かって生きていけると思えるのです。つまり私にとって建築空間創造プロジェクトを行なうことは、生きるということをプロジェクト化するようなものです。

　さきほども言いましたように、建築空間創造というのは美しい仕事ではあるけれどもとても大変な仕事です。でもそれは人生と同じだと思う。前を向いて一つひとつ課題を乗りこえていく、それが生きていくことだと私は思う。ただ疲れは創造性を減らす。創造行為を仕事とする者にとって創造力の減衰は死を意味します。しかも建築は厳しい仕事だし時間もかかる。だから大変なことを嫌がらずに楽しんでコツコツとやる必要がある。あるいは疲れを癒すために眠る必要がある。人は眠って元気を取り戻す。そうしてまた新たな気持ちで新たな一日を生きる。疲れきって何もできなくなり目覚めることさえできなくなった時、人は永遠の眠りにつくのだと思う。

　でも例えば私は今、具体的なプロジェクトを三つ抱えています。不確定なものは他にもいろいろあるけれども、その三つのうちの二つはモスクワ

の中心での建築で、もう一つはギリシャのキプロス島のプロジェクト。ここにそのプランを持ってきているけれども、これを見ると三つがそれぞれ全く違うのがわかるでしょう。私のことをよく知っている人はそうでもないかもしれませんが、知らない人がこれを見たならば、それぞれ違う建築家の仕事だと思うでしょう。そうして私はプロジェクトごとに方法やアプローチを変えてきたし、そういう風にしてプロジェクトを進めることが、私に生きる活力をもたらしていると思います。私は常に3つか4つの異なる建築空間や空間構成言語のことを考えていて、どうやらそれが私の活力になっている。数年前がんで手術をした時とか、砂漠で行方不明になって死にそうになった時とかがあって、その後2年ほど一種の孤独感を感じたことがありました。どうしてそんなふうに感じるんだろうと思った時、ふと、そうか成長するというのは、ある限界に行き当たった時に、それを乗り超えるということなんだと思いました。そうしてひとつひとつ限界を超えていくこと、どうやらそれが成長するあるいは成熟するということだ、どうしてかは分からないけれども、生き続けるというのはそういうことなんだとなぜか思いました。

——とても大切な話をありがとうございます。こうして話をして、あなたが以前にも増してお元気で意欲的なことに驚きました。あなたの息子のリカルドは昨日、あなたが120歳まで生きるだろうと言っていました。私もそうしてあなたに建築を創り続け欲しいと思います。ただ、こうして建築的時空間創造を続けてこられて、それを通して、多くの経験を積んだ人にも、いつかは死が訪れます。そのとき、その人の知恵や経験が一瞬にして消えてしまうというのは、考えて見れば、とても残念というか、なんだかもったいないですね。

　でも私が創った建築や、あなたが書いている本だって、100年後、200年後、もしかしたら300年後まで残るかもしれない。つまりそこにはいろんな思いや経験などが詰め込まれていて、それが形になって空間化されているわけだから、そうである限り、それを見た人が何かに気づいてくれるかもしれない、あるいは思いもかけない何かをそこから発見して役立ててくれるかもしれない。そういう人がどこかにきっといると信じるところに、人の夢のようなものがあると思うね。

Document
Work List of RBTA

資料
RBTA 作品リスト

RBTA 作品リスト

進行中のものを除いて基本的に実現したプロジェクトのみ。記述は、作品名、建設竣工年、用途、建設場所、建築面積（もしくは延床あるいは計画対象敷地面積）、本書掲載頁の順（ただし2013〜の表記のあるものは計画ないし建設開始年）

SINGLE-FAMILY HOUSE IN IBIZA
　　1960、個人住宅、IBIZA（スペイン）、38p
EL SARGAZO APARTMENTS
　　1964、集合住宅、Castelldefels（スペイン）
BACH 4 APARTMENT BUILDING
　　1965、集合住宅、Barcelona（スペイン）、31,000m²（延床）、39p
BACH 28 APARTMENT BUILDING
　　1965、集合住宅、Barcelona（スペイン）、3,348m²
NICARAGUA APARTMENT BUILDING
　　1965、集合住宅、Barcelona（スペイン）、2,300m²、39p
PLEXUS
　　1966、リゾート住宅街、Alicante（スペイン）
CLUB MAS PEY
　　1967、スポーツ施設、Sant Feliu de Guixols（スペイン）
PHYTOCHEMISTRY LABORATORIES
　　1967、研究所、Liiça de Vall（スペイン）
GAUDÍ DISTRICT
　　1968、住居地区開発、Taragona（スペイン）、46p
KAFKA'S CASTLE APARTMENT BUILDING
　　1968、Barcelona（スペイン）、4,000m²、46p
CITY IN THE SPACE
　　1970、街区＆都市創造システム開発、Madrid（スペイン／未完成）183p
XANADÚ
　　1971、集合住宅、Alicante（スペイン）、31,000m²（延床）、46p
FAMILY HOUSE
　　1973、個人住宅、Girona（スペイン）
LA MURALLA ROJA
　　1973、リゾート集合住宅、Alicante（スペイン）、7,000m²、46p
WALDEN7
　　1975、集合住宅、Barcelona（スペイン）、31,140m²（延床）、40p
THE PYRAMID
　　1976、モニュメント、Spanish-French Border、86p

MERITXELL SANCTUARY
 1978、教会、Andrra、1,000m²

HOUARI BOUMEDIENNE AGRICULTURAL VILLAGE
 1980、集合住宅、Abadla（アルジェリア）、36,000m²、58p

LA MANZANERA
 1982、リゾート地区開発、Alicante（スペイン）

LES ARCADES DU LAC. LE VIADUC
 1982、集合住宅地域開発、Paris（フランス）、31,000m²、56p

LES ESPACES D'ABRAXAS
 1982、集合住宅地域開発、Marne La Vallé（フランス）、47,000m²、48p

THE VILLAS AT LA MANZANERA
 1982、リゾート住居地区開発、Alicante（スペイン）

EL ANFITEATRO
 1983、ラグジャリーリゾートアパート、Calpe（スペイン）

LA PLACE DU NOMBRE D'OR（ANTIGONE）
 1985、公共施設、Montpellier（フランス）、30,000m²、68p

LES COLONNES DE SAINT-CHRISTOPHE
 1986、集合住宅地域開発、Cergy-Pontoise（フランス）、31,000m²、56p

LES ECHELLES DU BAROQUE
 1986、集合住宅地域開発、Paris（フランス）、22,000m²、56p

LES TEMPLES DU LAC
 1986、集合住宅地域開発、Saint-Quentin-en-Yvelines（フランス）、12,000m²、56p

TURIA RIVER GARDENS
 1987、公園都市計画、Valencia（スペイン）、150,00m²（計画対象面積）、96p

CHÁTEAU LAFITTE-ROTHSCHILD WINE CELLARS
 1988、ワイン施設、Bordeaux（フランス）、4,000m²、82p

HÓTEL DE RÉGION LANGUEDOC ROUSSILLON（ANTIGONE）
 1989、議会等公共建築、Montpeller（フランス）、15000m²、68p

L'ARSENAL AUDITORIUM
 1989、音楽ホール、Metz（フランス）、10,000m²、92p

LES ECHELLES DE LA VILLE（ANTIGONE）
 1989、商業施設、Montpeller（フランス）、10,000m²、68p

PARFUM ROCHAS HEADQUARTERS
 1989、企業本部、Paris（フランス）

PORT JUVENAL（ANTIGONE）
 1989、集合住宅地域開発、Montpeller（フランス）、31,000m²、68p

SWIFT HEADQUARTERS
 1989、企業本部、La Hulpe（ベルギー）、35,000m²、82p

INEFC (INSTITUTE FOR PHYSICAL EDUCATION OF CATALONIA)
　　1990、体育大学、Barcelona（スペイン）、20,000m²、94p
J. C. DECAUX HEADQUARTERS
　　1991、企業本部、Paris（フランス）、5,600m²、84p
OLYMPIC VILLAGE APARTMENTS
　　1991、オリンピック選手村、Barcelona（スペイン）、20,000m²、94p
PARFUMS CHRISTIAN DIOR HEADQUARTERS
　　1991、企業本部、Paris（フランス）、40,00m²、84p
RIOUXA PARK
　　1991、公園景観創造、Vigo（スペイン）、60,000m²（計画対象面積）
SHEPHERD SCHOOL OF MUSIC
　　1991、音楽大学、テキサス（アメリカ合衆国）、13,000m²、92p
TALLER DE ARQUITECTURA PARIS
　　1991、アトリエオフィス、Paris（フランス）、900m²
TERMINAL 2 AT BARCELONA AIRPORT
　　1991、国際空港、Barcelona（スペイン）、100,000m²、106p
77 WEST WACKER DRIVE
　　1992、超高層建築、Chicago（アメリカ合衆国）、110,000m²、101p
MADRID CONGRESS CENTER
　　1992、議会＋公共施設、Madrid（スペイン）、70,000m²、86p
PA SODER CRESCENT
　　1992、集合住宅＋公園＋公共施設、Stockholm（スエーデン）、44,000m²、98p
UNITED ARROWS HARAJUKU MAIN SHOP
　　1992、店舗、Tokyo（日本）、1,300m²、84p
COSTES K HOTEL
　　1993、ホテル、Paris（フランス）、7,300m²
EL GORNAL APARTMENTS
　　1996、集合住宅、Barcelona（スペイン）、22,000m²
OLYMPIC SWIMMING POOL
　　1996、オリンピックプール、Montpellier（フランス）、15,000m²、77p
BNP BANQUE PARIBAS
　　1997、企業本部＋警察署＋公共駐車場、Paris（フランス）、23,000m²、114p
NATIONAL THEATRE OF CATALONIA
　　1997、国立劇場、Barcelona（スペイン）、22,300m²、94p
ATRIUM SALDANHA
　　1998、大規模商業建築、Lisbon（ポルトガル）、44,000m²
CASABLANCA TWIN CENTER
　　超高層建築、Casablanca（モロッコ）、93,000m²

ENGATIVA DISTRICT
    1998、新都市創造、Bogotá（コロンビア）、451,000m²
ANTIGONE DISTRICT
    1999、新都市創造、Montpellier（フランス）、360,000m²、68p
AOYAMA PALACIO
    1999、高層オフィス、Tokyo（日本）、44,000m²、84p
ANANDA VILLA
    2000、個人住宅、Miami（アメリカ合衆国）、500m²
AXA OFFICES
    2000、企業本部、Paris（フランス）、7,500m²
CORSO I KARLIN
    2000、オフィス建築、Prague（チェコ共和国）、13,000m²、88p
FUNCHALCENTRUM
    2000、集合住宅＋複合都市施設、Madeira Island（ポルトガル）、115,000m²
SAVONA CRESCENT
    2000、集合住宅＋複合都市施設、Savona（イタリア）、22,500m²
TOKYO-GINZA-SHISEIDO-BUILDING
    2001、企業象徴建築、Tokyo（日本）、6,000m²（延床）、122p
CARTIER HEADQUARTERS
    2002、企業本部、Paris（フランス）、26,000m²、82p
MARITIME FRONT DEVELOPMENT
    2002、集合住宅＋複合都市施設、Barcelona（スペイン）、35,000m²
NEXUS II
    2002、企業本部、Barcelona（スペイン）、7,000m²
PLATINUM TOWER
    2002、超高層住宅、Beirut（レバノン）、53,000m²
ZONA FRANCA LOGISTIC PARK
    2002、複合オフィス建築、Barcelona（スペイン）、70,000m²
DEARBORN CENTER
    2003、超高層建築、Chicago（アメリカ合衆国）、178,947m²（延床）、101p
MANZANARES PARK
    2003、公園＋文化施設＋都市計画、Madrid（スペイン）、6,000,000m²（計画対象面積）
MONCHYPLEIN
    2003、集合住宅＋オフィス等複合施設、Hague（オランダ）、147,000m²
CORSO II KARLIN
    2004、オフィス建築、Prague（チェコ共和国）、13,000m²、88p
LA PORTE
    2006、集合住宅＋ホテル＋オフィス等複合施設、Luxembourg（ルクセンブルグ）、

26,000m²

CASA OZ
  2006、個人住宅、Tokyo（日本）、960m²

LAZONA KAWASAKI PLAZA
  2006、複合商業建築、Kawasaki（日本）、172,700m²（延床）、136p

ABERTIS HEADQUARTERS
  2007、企業本部、Barcelona（スペイン）、13,000m²

ALEXANDRIA
  2007、集合住宅＋ホオフィス等複合施設、Saint Petersburg（ロシア）、53,000m²

MIGUEL DELIBES CULTURAL CENTER
  2007、文化複合建築、Valladolid（スペイン）、40,000m²、98p

SAVONA TOWER
  2007、集合住宅＋オフィス＋レジャー施設等複合高層建築、Savona（イタリア）、40,000m²

W HOTEL BARCELONA
  2009、ホテル等複合高層建築、Barcelona（スペイン）、42,800m²、146p

THE FEDERAL NATIONAL COUNCIL
  2010、ホテル＋議会等複合高層建築、Abudabi（アラブ首長国連邦）

LA RÉIDENCE DE LA PAIX
  2010、集合住宅群、Dakar（セネガル）、50,000m²

ROYAL HAMILIUS
  2010、都市計画＋街区創造、Luxembourg（ルクセンブルグ）、36,600m²

SATELLITE TERMINAL BUILDING AT BARCELONA AIRPORT
  2010、空港ビル、Barcelona（スペイン）、80,000m²

TERMINAL 1 AT THE BARCELONA AIRPORT
  2010、国際空港、Barcelona（スペイン）、300,000m²、110p

DESIGUAL HEADQUARTERS
  2012、企業本部、Barcelona（スペイン）、10,000m²、153p

MOSCOW AGGLOMERATION
  2012、都市計画、MOSCOW（ロシア）、2,500,000m²（計画対象面積）、78p

ECONOMIA NEWSROOM
  2013、オフィス、Prague（チェコ共和国）、6,800m²、88p

KAZAKHSTAN HOTEL
  2013、超高層ホテル、Almaty（カザフスタン）、45,000m²

L'OURSE PUBLIC LIBRARY
  2013、図書館、Dinard（フランス）、2,300m²

LENINGRAD
  2013、劇場、Saint Petersburg（ロシア）、12,000m²、98p

QINGDAO NEW AIRPORT

2013〜、国際空港、Qingdao（中国）、183,000m²

SAN ISIDRO TOWER
2013、高層オフィス建築、Lima（ペルー）、25,000m²

THE CONNECTED CITY
2013、都市計画、Dallas（アメリカ合衆国）

FORUM KARLIN
2014、文化施設、Prague（チェコ共和国）、9,500m²、89p

THE NOBLE QUR'AN OASIS
2014〜、研究所、Al-madinah,Al-Munawarah（サウジアラビア）、78p

830 BRICKELL
2015、高層リゾート集合住宅、Miami（アメリカ合衆国）、85,800m²

3900 ALTON ROAD
2015、高級高層集合住宅、Miami（アメリカ合衆国）、12,500m²

SHANG XIAN FANG REDEVELOPMENT
2015〜、超高層建築、Shanghai（中国）、100,000m²

220 11TH AVENUE
2016〜、ホテル等超高層建築、New York（（アメリカ合衆国）、14,000m²

CORSO COURT
2016、オフィス建築、Prague（チェコ共和国）、18,000m²、88p

OBECNI DVUROBECNI
2016、集合住宅等複合建築、Prague（チェコ共和国）、5,700m²、88p

UNIVERSITÉ MOHAMMED VI POLYTECHNIQUE
2016、大学＋研究所、Benguéir（モロッコ）、540,000m²（計画対象面積）、66p

CONTENTS

第 1 章　建築的時空間を創造するということ
Chapter 1　About the Creation of Architectural Space-Time

　本書の表現方法
　About This Book (Expression Method)

　人の営みと建築
　Human Life and Architecture

　人と社会と建築
　Humans, Society and Architecture

　建築空間の建設
　Construction of Architectural Spaces

　人のより豊かな営みを育む場としての建築、都市
　Enriched Human Life from Architecture and Cities

　建築的時空間の新たなありよう
　A New Vision of Architectural Space-Time

第 2 章　建築的時空間創造プロジェクトにおける重要事項の把握
Chapter 2　Getting a Grasp of Important Matters for the Creation of Architectural Space-Time

　プロジェクトの主体と目的の把握
　Understanding the Subject and Its Aims

　対象時空間を成立させる場所
　Places for Establishing Space-Time

　建築の価値と時空間経営
　Humans, the Value of Architecture, & the Management of Its Space-Time

　対象時空間の役割
　The Role of Objectivism in Space-Time

　対象時空間の人間的、社会的可能性
　Socio-Human Possibilities within Objectivism in Space-Time

　建築的時空間の特殊性
　Architectural Space-Time Specificity

第 3 章　建築的時空間創造プロジェクトにおける プロセス
Chapter 3　Processes for the Creation of Architectural Space-Time

　全体のプロセス
　Overall Process

創造的解析
Creative Analysis
ヴィジョン創造
Vision Creation
コンセプト創造
Concept Creation
マスタープランと建築空間の創造
Creation of Master Plan and Architectural Space
創造的施工監理と時空間運営
Creative Supervision of Construction and Spacio-temporal Management

第4章　RBTAの作品を通して知る人と社会と建築の関係の新たなありようの創造
Chapter 4　Coming to Understand Through the Work of RBTA
　　　　　Creation of New Ways of Relating People, Society and Architecture

4-1：LA FÁBRICA に見る 目指す方向性と方法の表明
　　　Representations of Direction and Methods of Expression In LA FÁBRICA
　　　LA FÁBRICAを創るにいたる背景
　　　　Background for the Creation of LA FÁBRICA
　　　LA FÁBRICAのヴィジョンとコンセプト
　　　　Vision & Concept for LA FÁBRICA
　　　LA FÁBRICA以前のRBTAの初期の建築
　　　　Architectures Before LA FÁBRICA

4-2：WALDEN 7 に見る 集合住宅の新たなありよう
　　　New Ideas in Apartments in WALDEN 7
　　　WALDEN 7 における重要事項の把握と創造的解析
　　　　Understanding Important Matters and Creative Analysis in WALDEN 7
　　　WALDEN 7 のヴィジョンとコンセプト
　　　　Vision and Concept for WALDEN 7
　　　WALDEN 7 以前の集合住宅におけるさまざまな試み
　　　　Various Challenges in Apartment Before WALDEN 7

4-3：LES ESPACES D'ABRAXAS における公共集合住宅建築の新たなありよう
　　　New Methods of Public Apartment Housing Construction in ABRAXAS
　　　LES ESPACES D'ABRAXAS における重要事項の把握と創造的解析
　　　　Understanding Important Matters and Creative Analysis in ABRAXAS
　　　ABRAXAS のヴィジョンとコンセプト
　　　　Vision and Concept for ABRAXAS
　　　ABRAXAS におけるコンセプトとマスタープラン
　　　　Concept & Master Plan for LES ESPACES D'ABRAXAS
　　　RBTA がフランスで実現した主な公共集合住宅建築
　　　　The Main Public Housing Complex Realized by RBTA in France

199

4-4：HOUARI BOUMEDIENNE AGRICULTURAL VILLAGE に見る
地域文化や現実の尊重と新たな営みの創造
Creation of New Activities for Respecting Life in Local Cultures

HOUARI BOUMEDIENNE AGRICULTURAL VILLAGE における重要事項の把握と創造的解析
Understanding Important Matters and Creative Analysis in AGRICULTURAL VILLAGE

HOUARI BOUMEDIENNE AGRICULTURAL VILLAGE のヴィジョンとコンセプト－1
Vision and Concept for AGRICULTURAL VILLAGE-1

HOUARI BOUMEDIENNE AGRICULTURAL VILLAGE のヴィジョンとコンセプト－2
Vision and Concept for AGRICULTURAL VILLAGE-1-2

UNIVERSITÉ MOHAMMED VI POLYTECHNIQUE におけるヴィジョンとマスタープラン
Vision & Master Plan for UNIVERSITÉ MOHAMMED VI POLYTECHNIQUE

4-5：ANTIGONE(アンティゴヌ) に見る未来に向けた新市街の創造
Creation of a New Part of the City for the Future in the Case of ANTIGONE

ANTIGONE における重要事項の把握と創造的解析
Understanding Important Matters and Creative Analysis in ANTIGONE

ANTIGONE におけるヴィジョン
Vision for ANTIGONE

ANTIGONE におけるコンセプト
Concept for ANTIGONE

ANTIGONE におけるマスタープラン
Master Plan for ANTIGONE

そのほかの主な都市的スケールの建築的時空間創造プロジェクト
Other Main Urban Space-Time Creation Projects

4-6：RBTAのさまざまなプロジェクトをとおして知る
都市や企業の営みの象徴(シンボル)の創造
Understanding the Methods for Creating Symbols of the Activities of Companies and Cities through Various Projects of RBTA

企業の象徴の創造－1
Creation of the Symbol of the Company-1
 SWIFT HEADQUARTERS
 CHÂTEAU LAFITTE-ROTHSCHILD WINE CELLARS
 CARTIER HEADQUARTERS

企業の象徴の創造－2
Creation of the Symbol of the Company-2
 PARFUMS CHRISTIAN DIOR HEADQUARTERS
 J.C. DECAUX HEADQUARTERS
 UNITED ARROWS HARAJUKU MAIN SHOP

AOYAMA PALACIO

都市の象徴の創造

Creation of the Symbol for the City

THE PYRAMID

MADRID CONGRESS CENTER

プラハにおける記憶の継承と新たな営みの象徴の創造

Creation of the Symbol for Propagating Memories and New Works in Prague

CORSO I KARLIN

CORSO II KARLIN

ECONOMIA NEWSROOM

4-7：さまざまな建築的時空間の創造

Creation of Various Types of Architectural Space-Time

劇場の創造

Theater Creation

L'ARSENAL AUDITORIUM

SHEPHERD SCHOOL OF MUSIC

オリンピック関連建築の創造

Creation of Olympic-Related Architecture

NATIONAL THEATRE OF CATALONIA

INSTITUTE FOR PHYSICAL EDUCATION OF CATALONIA

OLYMPIC VILLAGE APARTMENTS

公園と文化施設の創造

Creation of Parks and Cultural Facilities

TURIA RIVER GARDENS

MANZANARES PARK

都市文化の新たな象徴の創造

Creation of a New Cultural Symbol for the City

PA SODER CRESCENT

LENINGRAD

MIGUEL DELIBES CULTURAL CENTER

摩天楼のモデル創造

Creation of the Skyscraper Modeles

4-8：バルセロナ国際空港T-1、T-2に見る
都市を象徴する玄関としての空港の創造

Creation of the AIRPORT as the Symbolic Entrance of the CITY

T-1、T-2における重要事項の把握と創造的解析

Understanding Important Matters and Creative Analysis for T-1&2

TERMINAL 2におけるヴィジョンとコンセプト

Vision and Concept for T-2

T-2におけるマスタープラン

Master Plan for T-2

T-1におけるヴィジョンとコンセプト

Vision and Concept for T-1

T-1におけるマスタープラン
Master Plan for T-1

4-9：BNP BANQUE PARIBAS に見る
街の再生とモニュメンタル生活空間の創造
Regeneration of the City and Creation of a Monumental Architectural Living Space

BNP BANQUE PARIBAS における重要事項の把握と創造的解析
Understanding Important Matters and Creative Analysis in BNP BANQUE PARIBAS

BNP BANQUE PARIBAS におけるヴィジョンとコンセプト
Vision and Concept for BNP BANQUE PARIBAS

BNP BANQUE PARIBAS におけるマスタープラン
Master Plan for BNP BANQUE PARIBAS

4-10：東京銀座資生堂ビルに見る企業と街の未来のためのモデル創造
Creation of a Model for the Future of the City in TOKYO-GINZA-SHISEIDO-BUILDING

東京銀座資生堂ビルにおける重要事項の把握と創造的解析
Understanding Important Matters and Creative Analysis in the TOKYO-GINZA-SHISEIDO-BUILDING

東京銀座資生堂ビルにおけるヴィジョン
Vision for the TOKYO-GINZA-SHISEIDO-BUILDING

東京銀座資生堂ビルにおけるコンセプトとマスタープラン-1
Concepts and Master Plan-1 for the TOKYO-GINZA-SHISEIDO-BUILDING

東京銀座資生堂ビルにおけるコンセプトとマスタープラン-2
Concepts & Master Plan-2 for the TOKYO-GINZA-SHISEIDO-BUILDING

東京銀座資生堂ビルにおける創造的施工監理
Creative Supervising for the TOKYO-GINZA-SHISEIDO-BUILDING

東京銀座資生堂ビルにおける時空間運営
Spacio-temporal Management of the TOKYO-GINZA-SHISEIDO-BUILDING

4-11：LAZONA KAWASAKI PLAZA に見る
メガポリス再生のためのシンボリック空間の創造
Creation of the Symbolic Architectural Space-Time for the Renaissance of MEGAPOLIS in the LAZONA KAWASAKI PLAZA

LAZONA KAWASAKI PLAZA における重要事項の把握
Understanding Important Matters for the LAZONA KAWASAKI PLAZA

LAZONA KAWASAKI PLAZA における創造的解析
Creative Analysis for the LAZONA KAWASAKI PLAZA

LAZONA KAWASAKI PLAZA におけるヴィジョン
Vision for the LAZONA KAWASAKI PLAZA

LAZONA KAWASAKI PLAZA におけるコンセプトとマスタープラン
Concept and Master Plan for the LAZONA KAWASAKI PLAZA

4-12：W HOTEL BARCELONA に見る
都市が向かうべき方向性を体現するシンボリックな都市的風景の創造
Creation of a Symbolic Urban Cityscape Embodying the Direction of the Future of the City

W HOTEL BARCELONAにおける重要事項の把握と創造的解析
Understanding Important Matters and Creative Analysis for the W HOTEL BARCELONA

W HOTEL BARCELONAにおけるヴィジョンとコンセプト
Vision and Concept for the W HOTEL BARCELONA

W HOTEL BARCELONAにおけるマスタープラン
Master Plan for the W HOTEL BARCELONA

第5章　これからの建築的時空間の創造
Chapter 5　Creation of Architectural Space-Time for the Future

あらゆる技術と知恵を統合する
Integrating All Technologies and Wisdom

建築的時空間創造のプロセスに必要な能力
Capacity Requisite for the Process of Creation of Architectural Space-Time

クリエイティヴチームによる建築的時空間創造
Creation of Architectural Space-Time by the Creative Team

クリエイティヴチームのディレクション
Direction of the Creative Team

優れた建築的時空間の価値
The Value of Excellence in Architectural Space-Time

これからの建築的時空間創造
Creation of Architectural Space-Time for the Future

第6章　リカルド・ボフィルへのインタビュー
Chapter 6　An Interview with Ricardo Bofill

リカルド・ボフィルが語る

リカルド・ボフィルと建築的時空間創造プロジェクト
Ricardo Bofill Talk about Ricardo Bofill and the Creation of Architectural Space-Time

資料　Document

RBTA作品リスト
Work List of RBTA

たにぐち えりや (Elia Taniguchi)

詩人、ヴィジョンアーキテクト。石川県加賀市出身、横浜国立大学工学部建築学科卒。中学時代から詩と哲学と絵画と建築とロックミュージックに強い関心を抱く。1976年にスペインに移住。バルセロナとイビサ島に居住し多くの文化人たちと親交を深める。帰国後ヴィジョンアーキテクトとしてエポックメイキングな建築空間創造や、ヴィジョナリープロジェクト創造＆ディレクションを行うとともに、言語空間創造として多数の著書を執筆。音羽信という名のシンガーソングライターでもある。主な著書に『画集ギュスターヴ・ドレ』（講談社）、『1900年の女神たち』（小学館）、『ドレの神曲』『ドレの旧約聖書』『ドレの失楽園』『ドレのドン・キホーテ』『ドレの昔話』（以上、宝島社）、『鳥たちの夜』『鏡の向こうのつづれ織り』『空間構想事始』（以上、エスプレ）、『イビサ島のネコ』『天才たちのスペイン』『旧約聖書の世界』『視覚表現史に革命を起こした天才ゴヤの版画集1～4集』『愛歌（音羽信）』『随想 奥の細道』（以上、未知谷）など。主な建築空間創造に《東京銀座資生堂ビル》《ラゾーナ川崎プラザ》《レストランikra》《軽井沢の家》などがある。

りかるど ぼふぃる（Ricardo Bofill）

建築家、都市計画家。バルセロナ出身。RBTA（リカルド ボフィル タジェール デ アルキテクトゥーラ）会長。建設会社を経営していた父の影響で幼い頃から建築に興味を持つと共にガウディに強い影響を受け、また旅を通して人と社会と文化と場所と建築との深く多様な関係を自覚、若くして建築家になることを決意し、通常の設計事務所の概念をはるかに超えた多様性と創造性に富んだ建築空間創造チームRBTAを組織。150年前のセメント工場を改築した住居と、チームの仕事場とが一体となった LA FÁBRICAを拠点に、緻密な分析力と圧倒的な構想力を駆使して20代から近代建築の概念を超えた斬新で豊かなな建築空間を創造して世界的なスター建築家となる。近代建築における均一的なインターナショナリズムや機能主義などとは一線を画し、個々に異なる条件を持つ建築の特性と文化的背景や場所性を重視、それに最適の方法を創造する方法で35カ国以上の国々で独創的な空間創造を展開。フランスでの大規模集合住宅建設やモンペリエの新都市創造、バルセロナの国際空港や企業や都市を象徴する建築など、常に過去と現在と未来を見据えて既存概念を打破するプロジェクトを展開、成功させている。

© 2017, TANIGUCHI Elia

リカルド・ボフィル 作品と思想
RBTAの仕事を通して知る建築的時空間創造

2017年12月15日印刷
2017年12月25日発行

著者　谷口江里也
発行者　飯島徹
発行所　未知谷
東京都千代田区猿楽町2丁目5-9　〒101-0064
Tel. 03-5281-3751 / Fax. 03-5281-3752
［振替］　00130-4-653627
組版　柏木薫
印刷所　ディグ
製本所　牧製本

Publisher Michitani Co. Ltd., Tokyo
Printed in Japan
ISBN978-4-89642-539-0　C0052